도시의 숨결,
소즐인의 발견

일상의 공간과 소통에서 찾은 삶의 지혜

도시의 숨결, 소즐인의 발견

ⓒ 2025 최병대

초판 1쇄 찍은 날 2025년 5월 16일
초판 1쇄 펴낸 날 2025년 5월 16일
펴낸곳 ㈜아이에스디앤피 **출판등록** 2018년 5월 10일 제 2016-000137호
주 소 서울특별시 중구 충무로 50-7 301호(을지로3가)
전 화 02-583-7224
이메일 gogois@hanmail.net
ISBN

값 15,000원

ISBN 978-89-963870-4-6

*파본은 구입하신 서점에서 교환해 드립니다.

도시의 숨결,
소즐인의 발견

일상의 공간과 소통에서 찾은 삶의 지혜

— 최병대 지음 —

도시의 숨결, 소즐인의 발견
일상의 공간과 소통에서 찾은 삶의 지혜

추천의 글 · 12

프롤로그 **도시와 인생** · 14

제 1 부   도시의 얼굴을 만나다 · 23

1 / 명동과 가로수길, 도시공간 형성의 비밀 · 26

- 동洞과 길路, 면面과 선線의 비밀 · 26
- 명동, 사람 중심의 '휴먼 스케일'로 만든 도시 · 27
- 가로수길, 자동차 중심의 '카 스케일'로 그린 도시 · 29
- 사람과 자동차, 공존의 길 · 31
- 미래의 서울을 상상하다, 강남 스타일의 실체를 찾아서 · 32

2 / 도시의 얼굴, 상호와 간판에 담긴 도시 이야기 · 34

- 도시의 얼굴, 광고와 상호 · 34
- 상호에 담긴 의미, 가게의 첫인상 · 36
- 송현동의 작은 가게, 57번가 카페 & 갤러리 · 37
- 맨해튼의 57번가, 그리고 서울의 57번가 · 38
- 상호에 담긴 꿈과 가치, '마음이 부자인 집'을 향한 여정 · 40

3 / 굴뚝도 예술이 된다 : 도시를 바꾸는 창조적 상상력 • 42

- 바르셀로나 도시의 매력을 찾아서 • 42
- 가우디, 평범한 것을 특별하게 : 굴뚝에서 예술작품으로 • 43
- 우리의 도시, 새로운 변신을 꿈꾸다 : 담장에서 예술로 • 46

4 / 청와대를 걷다, 권력공간이 지도자를 만든다 • 47

- 청와대의 문이 열리다, 금단의 영역에서 열린 공간으로 • 47
- 청와대를 거쳐 간 대통령들, 공간이 만든 운명 • 48
- 인간이 공간을 지배하는가, 공간이 인간을 지배하는가? • 51
- 공간이 지향해야 할 가치, 소통과 포용의 권력공간을 위하여 • 56

5 / 지하철의 새로운 변신, 기존 인프라의 창의적 활용 • 58

- 도시 땅속을 달리는 시민의 발 • 58
- 물류 경쟁력이 도시를 살린다 • 59
- 밤의 지하철, 물류 고속도로로 • 60
- 도시의 미래를 여는 새로운 가능성, 지하철 적자의 탈출구? • 61

6 / 격리된 섬이 된 학교, 열린 공간으로 거듭나야 • 62

- 방과 후 텅 빈 학교, 왜일까? : 관료주의와 할거주의 • 62
- 학교 풍경, 호주와 뉴질랜드의 열린 모델 • 63
- 학교를 열어 지역 사회와 함께, 책임과 관리의 분담과 협업 • 64
- 잠자는 학교를 깨우자, 지역 커뮤니티의 중심으로 • 65

제 2 부 도시에서 함께 사는 법을 배우다 · 67

1 / 포근한 도시사회가 되려면 · 70

- 링컨과 탈무드의 대화법, 1 : 2의 법칙 · 70
- 약국이 도시 사랑방이 되어서야 · 72
- 풍요속의 빈곤 : 아픈 복지, 그 치유는 어떻게? · 76
- 두 얼굴인 공功과 과過, 우리의 시선은 어디로? · 79

2 / '차가운 도시사랑'과 '따뜻한 농촌사랑', 원시遠視사랑과 근시近視사랑 · 81

- 사랑의 두 가지 시선, '차도사'와 '따농사' · 81
- 찰리 채플린의 인생관,
  원시遠視사랑과 근시近視사랑 · 82
- 도시의 '차도사' · 84
- 도시에서도 '따농사'처럼 · 86

3 / 흙수저라 천만다행 · 88

- 무수저 인생도! · 88
- 50년 만의 재회 · 89
- 끝내 찾지 못한 가족, 그래도 희망 · 90
- 18세, 잔혹한 홀로서기 · 91
- 흙수저라도 거듭 날 수 있도록 · 92

4 / '우리'의 심리학 : 마법인가, 악마인가? • 94

- 습관적 언어, '우리 신랑 & 우리 마누라' • 94
- 한국의 독특한 '우리주의' 문화 • 95
- 양날의 검이 된 '우리' • 95
- 모두를 위한 '우리'로 • 97

5 / 달라지는 생활방식과 도시의 풍경 • 98

- 혼자서도 행복해? • 98
- 결혼 적령기? 이제 그런 건 없다 • 101
- 두 가지 다른 동창회 풍경 :
  도시는 원형사회, 농촌은 세모사회 • 102

6 / 세대 간 이해의 창, MZ세대와의 소통 경험 • 106

- 우연한 만남, 아이돌 팬클럽 행사 • 106
- 숨겨진 열정, 브레이브걸스와 '피어레스' • 108
- 팬들이 만드는 K-Culture • 109
- 어느 팬과의 대화 • 110
- 세대의 경계를 넘어서 • 111

도시의 숨결, 소즐인의 발견

제 3 부 도시의 그림자를 넘어서다 · 113

1 / 도시와 농촌, 함께 하모니를 꿈꾸다 · 115

- 왜 자연인이 되는가? 도시가 주는 약藥과 독毒 · 115
- 이제 도시도 농촌도 웰빙이다! '4도都 3촌村'의 길 · 118

2 / 핵가족 시대, 새로운 풍경들 · 120

- 교권 침해보험에, 헬리콥터 맘까지 · 120
- 삼촌도, 이모도 사라지고 있다 · 122

3 / 사회를 좀 먹는 양극화, 녹색댐으로 극복하자 · 124

- 사회 양극화, 녹색댐이 필요하다 · 124
- 평균의 함정, 공정한 듯한 불평등 · 131

4 / 공익적公益的 자본, 더 나은 사회를 위한 새로운 패러다임 · 133

- 공익적 자본, 공동체의 가치를 높이는 길 · 133
- 공익적 자본이 필요한 영역들 · 136
- 공익적 자본의 작동을 위해서는 · 137
- 한국의 공익적 자본, 어제와 오늘 · 139

제 4 부   도시에서 인생을 배우다 · 141

1 / 도시 일상의 풍경들 · 143

- 자식농사, 성공의 길 · 143
- 새로운 가족이 된 반려동물과 함께하는 도시의 일상 · 147
- 현대판 문맹, 디지털 시대의 신문맹新文盲 · 150

2 / 역경에 박수를 · 152

- 실패에 보내는 찬양가 · 152
- 역경에서 꽃피는 인생의 조건반사 법칙 · 154

3 / 스승과 제자, 변해가지만 여전히 소중한 관계 · 155

- '이음'인생과 '단절'인생, 스승의 날의 값진 선물 · 155
- 향기 나는 사람, 향기 나는 제자 · 158
- 이제 유학생이 상수이다, 다양성이 만드는 새로운 힘 · 160

4 / 과거 권력이 더욱 위력, 현관現官과 전관前官 사이 · 165

5 / 진화하는 사회, 기러기 리더십에서 배우는 지혜 · 168

- 자연이 알려주는 71%의 비밀 · 168
- 계급제 문화와 꼰대 리더십 · 169
- 변화를 선도하는 가치 창출 리더십 · 170
- 누구나 리더가 될 수 있는 환경을 · 171

제 5 부 도시를 넘어서 새로운 균형을 찾다 · 175

1 / '메가 서울'을 넘어서 · 177

2 / 대도시권의 새로운 균형 찾기,
　　새 이정표 될 대·경대구·경북 통합 · 180

3 / 도시에 새 생명을, '상자 밖' 자치로 'K-Politics'를 · 184

4 / 도시 경쟁력은 상식이 통하는 정치로 부터 · 186

에필로그 도시의 숨결, 소즐인의 발견! · 190

추천의 글 · 195

사진목차

〈사진 1〉 명동 모습 • 28
〈사진 2〉 가로수 길 전경 • 33
〈사진 3〉 57번가 카페 & 갤러리 전경 • 38
〈사진 4〉 카페 57번가가 지향하는 가치, 미음이 부자인 집 • 40
〈사진 5〉 맨허턴 57번가 : Central Park Tower 전경 • 42
〈사진 6〉 바르셀로나 가우디의 굴뚝 모습 • 44
〈사진 7〉 외국인들이 즐겨 찾는 북촌 입구 감고당길율곡로 벽화 • 46
〈사진 8〉 역대 청와대 공관 모습 • 52
〈사진 9〉 청와대 전경 • 55
〈사진 10〉 청와대 대통령 집무실 • 56
〈사진 11〉 꿈을 키우는 집보육원 방문 • 92
〈사진 12〉 스승의 날 제자들의 손편지 수첩과 손편지 • 158
〈사진 13〉 기러기 편대 • 173
〈사진 14〉 대구 & 경북대·경 통합 • 182

추천의 글

도시의 숨결에서 인생의 향기를 만나다

　이 책은 도시에서 살아가는 우리 모두에게 따뜻한 위로와 삶의 힌트를 건네는 이야기다. 책장을 넘기기도 전에 제목부터 마음을 끈다. "도시의 숨결, 소즐인의 발견". 이 얼마나 아름다운 표현인가. 바쁜 일상 속에서도 소소한 즐거움을 찾으며 살아가는 사람들의 이야기, 그 자체가 우리 인생의 빛깔을 닮았다.

　우리는 모두 도시인이다. 아침저녁으로 바삐 오가는 출근길, 골목마다 서린 추억들, 그리고 때때로 들이치는 외로움까지, 도시의 풍경은 우리의 인생과 맞닿아 있다. 이 책은 그런 도시의 이면을 새롭게 바라보게 해준다. 멋진 건축물 이야기나 정치의 중심인 청와대의 변화 같은 큰 담론에서부터, 약국이 동네 사랑방이 되어가는 작고 따뜻한 이야기, 자식 농사 성공의 길 등 페이지마다 우리 삶이 살아 숨 쉰다.

　일반시민의 눈높이로도 충분히 읽을 수 있도록, 말은 쉬우면서도 뜻은 깊고 향기는 진하다. 단순한 도시 연구서가 아니라,

삶을 사랑하는 법을 다시 일깨워주는 생활의 교과서다. 이 책을 읽고 나면, 오늘 지나온 거리도, 동네의 간판도, 지하철의 흔들림도 다르게 보일 것이다.

도시는 배움의 공간이다. 가로수길에서, 골목의 작은 카페에서, MZ세대와의 우연한 만남에서 우리는 타인과, 그리고 나 자신과 끊임없이 대화하게 된다. 이 책은 바로 그 대화와 교감의 기록이다. "우리의 도시가 정말 함께 잘 살 수 있는 곳인가"라는 질문에서 시작해, "도시가 우리 인생에 무엇을 남기는가"를 되묻는다.

도시에서 인생을 배우고 싶은 모든 이들에게, 이 책은 따뜻한 길동무가 되어줄 것이다. 일상에서 작은 삶의 즐거움을 발견하고 싶은가? 그렇다면 지금 이 순간, 이 책과 함께 "소즐인" 인생열차에 탑승해 도시 속 숨은 향기를 찾아 나서보자.

당신도 어느새 "소즐인"이 되어 있으리라!

*이 추천사는 이 책의 프롤로그 & 에필로그와 목차만을 보고 '인공지능AI'이 작성한 것을 일부 보정한 것입니다. *구체적인 질문이 궁금하시면 필자의 블로그를 참고하세요

프롤로그

도시와 인생

　도시와 인생! 양자는 인간과 불가분의 관계이다. 현대인에게 도시를 떠난 삶은 상상하기 힘들다. 설사 도시를 떠나 살 수는 있겠지만 도시가 제공하는 문명의 혜택이나 편익을 벗어나기는 불가능하다. 삶의 궁극적 목적은 무엇인가? 행복추구이다.
　내인생의 주인은 누구인가? 내가 행복하려면 주인행세를 제대로 해야하지 않겠는가. 행복은 관계속에서 더욱 빛을 발하리라. 미국의 사상가 잉거솔Robert Ingersoll은 행복해지는 방법은 남을 행복하게 하는 것이며, 행복해 질 수 있는 장소는 바로 여기, 행복해 질 수 있는 시간은 바로 지금임을 강조하였다. 현재 있는 장소와 시간에서 행복을 추구해야 한다는 것이리라.
　행복은 아스라이 저 멀리 있어서 다다를 수 없는 신기루 같은 것이 아니다. 마음 먹기에 따라서 일상에서 항상 체득할 수 있는 것이다. 하루 하루가 쌓여 한달이, 1년이 되고, 이들이 쌓여 인생이 되는 것이리라. 일상의 하루에서 즐거움을 찾다보면 나도 모르게 인생은 행복으로 충만할 수 밖에. 비록 작고 조그

마한 것이지만 <mark>소</mark>소한 일상에서 <mark>즐</mark>거운 <mark>인</mark>생小즐人을 찾아야 하지 않을까?

어찌 보면 우리네 인생사는 일상을 함께 하는 도시의 공간과 모습, 일상사에서 마주하고 소통하는 사람들과 직결되어 있다. 도시에 살다 보면 짜증이 잘 난다. 스트레스가 심해지고 화가 나기도 한다. 나만 그렇다기 보다 모든 도시인의 삶이 그럴 것 같다. 건강하고 풍요로운 삶을 구가하기 위해서 우리는 어떤 도시를 만들고 가꾸어 나갈 것인가? 지금 우리가 사는 도시는 살기 좋은 도시인가?

우리 대부분은 주어진 도시를 그대로 받아들이고 살아갈 뿐이다. 살기 편한지 불편한지, 아름다운 도시인지 그렇지 않은지를 생각해 보지도 않은 채. 기왕 도시에 살아야 한다면 아름답고, 살기 편하고, 쾌적한 도시에서 살아야 하지 않겠는가? 도시의 일상에서 포근하고 가슴 벅찬 도시의 숨결을 느낄 수 있으면 얼마나 좋을까? 우리가 도시에 관심과 애정을 가져야 하는 이유다.

좋은 도시는 어떻게 만들어지나? 우리나라는 서구 선진국에 비해 산업화도, 도시화도 늦게 진행되었다. 도시의 발전도 자연스레 늦어질 수밖에 없었다. 출발이 늦어지니 따라잡기가 쉽지 않다. 시차를 극복하면서 도시발전을 꾀하려니 선진도시들을 열심히 벤치마킹해야 했다. 이른바 선진도시들과 비교를 통한 도시발전이다. 그러다보니 우리네 삶과 어울리고 조화로운 것도 있지만 그렇지 않은 것도 있다.

후발주자가 선발주자를 열심히 따라가기만 하면 앞서간 도시를 초월하는 것은 불가능하다. 창의와 혁신이 필요한 이유이다. 이는 외재적 요인에서도 내재적 요인에서도 발현될 수 있다. 도시는 저마다의 개성Identity이 있다. 도시의 개성을 살리는 길은 내재적 기반에 뿌리를 두고 정성을 쏟을 때 가능성이 커진다. 우리네 도시의 시·공간에 켜켜히 쌓인 역사, 문화, 전통을 미래로 이어갈 오늘을 사는 도시인들의 역할이 중요한 까닭이다.

도시민이 도시에서 풍요로운 삶을 구가할 수 있는 요체는 무엇인가? 첫째는 우선 경제적으로 어느 정도 여유로움이 충족되어야 한다. 허기진 배를 움켜 쥔 채 품격 높은 도시를 기대할 수는 없다. 도시의 경쟁력이 중요한 이유이다. 둘째는 볼거리가 많아야 한다. 이는 뭇사람들을 끌어들이는 동력動力이다. 역사문화 자원을 보전하고 도시의 아이덴티티를 구축해야 한다. 셋째는 즐길거리가 풍부해야 한다. K-팝이나 K-뷰티, K-컬쳐를 살리고 한국의 음식문화를 살려서 세계인의 입맛을 유혹하는 것과 같은 것이리라.

필자는 늘 바쁜 도시 생활에 쫓기다 보니 주위를 돌아볼 여유가 별로 없었다. 내가 사는 도시가 어떤 모습인가에 대한 관심이 생겨나기 시작한 것은 정년을 맞이하고 은퇴 생활을 하면서 부터이다. 도시의 얼굴을 엿보게 되는 계기를 얻은 셈이다. 늘 무관심하게 지내다 주변을 살펴보니 익숙하던 것이 낯설기도 하고 여러 가지 의구심이 생기기도 하였다.

기능과 역할이 유사한데 왜 '명동'은 동洞이라는 면面적 용어로, '가로수길'은 길路이라는 선線적 의미로 자리 잡았을까? 도시는 공간을 담는 그릇인데, 우리 도시는 얼마나 제대로 시민들의 삶을 풍요롭게 하는 공간을 품고 있을까? 공공을 위해 지어진 건축물은 공익적 목적에 잘 부합하고 있을까? 시민 일부만 잘 사는 도시가 아니라 모두 함께 잘 사는 도시 공동체가 되는 길은 없을까? 제1부 '도시의 얼굴을 만나다'에서는 몇가지 사례를 중심으로 이러한 의구심들에 대한 의미를 찾아보려고 했다.

인간은 사회적 동물이다. 도시는 더불어 사는 인간 군상들의 집합체다. 좋은 도시는 함께 하는 사람들이 평화롭고 행복감에 충만해야 한다. 사람이 많이 모여 살다 보면 갈등과 반목, 이기심이 표출된다. 이는 우리 모두를 불편하게 한다. 도시에 사는 우리가 함께 사는 법을 잘 터득하면 도시의 삶은 한층 풍요로워지리라는 것이 이 책의 두 번째 주제이다. 나보다는 상대방에 중심을 둔 소통을 해보면 어떨까, 도시에도 사랑방이 필요하지 않을까 하는 생각에서부터, 흙수저가 아니라 수저조차 갖지 못한 무수저에 대한 얘기, 자신의 신랑/마누라 앞에도 '우리'를 붙이는 한국인의 심성에 대한 얘기, 도시에서도 농촌처럼 가깝고 따뜻한 사랑을 나눌 수는 없을까 하는 생각, 아이돌 팬미팅을 통해 본 기성세대와 MZ세대 간의 소통, 아픈 청춘들의 고민과 동창회를 통해 본 변화하는 도시 풍경 등이 담겨 있다.

  사물에는 늘 양면성이 있다. 도시도 마찬가지이다. 도시에도 빛이 있지만 그림자도 있다. 좋은 도시가 되기 위해서는 그림자보다는 빛의 역할이 충분히 발현되어야 한다. 지금 우리가 살고 있는 도시, 어떠한 모습인지를 성찰함으로써 살고 싶은 도시로 가꾸어 나가는 지혜를 찾아야 하지 않을까.

  세 번째 주제는 도시의 그림자를 어떻게 극복해야 할 것인가에 대한 고민이다. 필요에 의해서 도시에 살지만, 탈도시를 꿈꾸는 사람도 많은 것 같다. 여기서는 자연인을 꿈꾸는 도시인이 늘어나는 이유, 핵가족 사회의 도래로 헬리콥터 맘까지 등장하는 도시 사회상, 도시와 농촌이 함께 공생할 수 있는 사회, 중산층을 두텁게 하면서도 양극화를 극복하는 길, 공동체를 위한 공익적 자본 등에 관한 얘기들이 중심이다.

'도시의 일상에서 인생을 배워보자'는 것이 네 번째 주제이다. 배움은 새롭고 신비롭다. 배움의 전진기지인 학교란 울타리를 뛰어넘는 배움도 무수히 많다. 책이나 여행을 통해서도 부족한 배움을 보충하기도 한다. 더욱이 정보화 사회의 도래로 배움의 양상이 송두리째 달라지고 있다. 도시의 한 후미진 공간에서도 지구촌 곳곳을 누비고 실상을 배우는 데 전혀 문제가 없다.

다양한 배움 중에서도 도시의 일상생활을 통해서 만나고, 부딪치고, 갈등하고, 번민하면서 배우는 것이 으뜸이 아닐는지? 이는 관념상의 배움이라기보다는 일상을 통한 체험에서 배우는 것이기 때문이리라. 도시란 공간은 수많은 사람이 얽히고설킨 인생사의 공연장 같기도 하다. 이런 도시에서 몸소 체험하면서 얻는 배움은 진정 값어치 있고 생동감 있는 지식일 것이다. 여기서는 반려동물과 함께하는 일상, 자식농사에 대한 고민, 역경에서 꽃피는 조건반사법칙, 스승과 제자의 얽힌 얘기, 기러기 리더십 등이 다루어진다.

대부분의 도시인에게 도시는 살다보니 주어진 곳이고, 그래서 그저 별 관심없이 무덤덤하게 살아온 곳이다. 그러나 곱씹어보면 도시는 그냥 주어진 것이 아니라 지난날 누가 만들어 놓은 바탕에서 지금, 이 순간도 누군가 또다시 만들고 변화시키고 가꾸어 나가고 있다. 도시를 살아있는 생명체라고 부르는 까닭이다.

도시는 도시마다 특성이 있고 개성이 있다. 도시는 인접도시와의 관계도 중요하다. 협력이 필요하고 갈등이 생기기도 한다. 지금도 도시체계에 대한 근본적인 개편에 대한 논의가 진행중이다. 규모의 경제에 기반한 대도시권 또는 초광역 거대도시권에 대한 필요성이 거론된다. 도시체계애 대한 논의는 정치와도 결부되어 있다. 개별 도시를 넘어서 국토의 새로운 균형을 찾고자 하는 것이 이 책이 다루고 있는 마지막 주제이다.

도시를 어떻게 만들고 가꾸어 나갈 것인가? 도시의 주인은 누구인가? 우리 모두가 주인이다. 당대를 살아가는 사람들의 몫과 역할이 중요하다. 그 요체는 관심과 애정이다. 도시민들은 좋은 도시를 만드는 촉매 역할을 한다. 도시의 일상을 오가며 그냥 지나치기보다는 아름답고 살기 편하며 뭇사람들의 발걸음을 유혹하는 그런 도시를 만들고 싶지 않은가?

이 책의 주제는 도시의 일상을 오가며 도시의 풍요롭고 아름다운 숨결을 맛보고 싶은 욕구가 바탕이 되었다. 이른바 '소즐인 일상의 소소함에서 즐거움을 찾는 인생'으로 필자가 도시의 일상을 즐기면서 간간이 스쳐오는 생각들을 블로그에 올려놓은 글들이 바탕이 되었다. 그러다보니 특정 주제를 중심으로 계획적이고 체계적으로 구성하기에는 근본적인 제약이 따를 수밖에 없었다. 그렇다고 블로그 글들을 사장死藏시키는 것도 아쉽고 주변 지인들의 권유도 있고 해서 용기를 냈다. 이제 독자들의 너그러운 이해를 믿고 나누고 싶은 생각들을 펼치니 오히려 마음이 가볍다. 아무쪼록 동시대를 살아가는 도시인들에게 조그만 이야깃거리가 되고 위안이 되었으면 하는 바람이다.

현업에서 물러나 글을 쓰고 신간을 출간하는 것은 가슴 벅찬 일이다. 이 책의 주제는 도시에서 일상을 오가며 체감하는 이슈들이 중심이다. 일종의 도시 이야기이다 보니 이 분야에 식견을 가진 분들의 도움이 큰 버팀목이 되었다. 미국에서 함께 수학한 평택대학교 이시화 명예교수님의 도움과 열정에 경의를 표한다. 책의 전반적인 얼개를 체계적으로 잡아 주어서 이 책의 완성도를 한층 높이는 토대가 되었다. 본문에 대해서도 치우침과 부족한 부분을 예리하게 지적하고 보완하여 균형을 맞추도록 하는 데 큰 도움이 되었다. 이로 인해 이 책이 독자들에게 편하고 쉽게 다가갈 수 있는 바탕이 되었다. 서울대학교 김광중 명예교수님은 필자가 놓치고 있거나 오해가 있을 수 있는 부분을 정확하게 지적하고 보완하여 이 책의 완결성을 한층 높일 수 있었다. 또한 김 교수님은 엉성한 원고에 어색한 표현을 쉽고 정곡을 찌르는 표현으로 순화하는데 남다른 재주를 가지신 분임을 다시 확인할 수 있어 더없는 기쁨이었다. 이 자리를 빌려 이 두분의 교수님께 다시 한번 깊은 감사를 드린다. 한편 글을 쓴다는 핑계로 워킹맘으로 고생하는 집사람을 제대로 도와주지 못해서 면목이 없다. 카페 57번가에서 늘 바쁜 아들, 이달초 미국에서 귀국한 딸과 사위에게도 고마움을 전한다. 댕큐!!!

2025년 꽃피는 3월,
송현동 57번지 '마음이 부자인 집에서'

한들大坪 **최 병 대**

제 1 부

도시의 얼굴을 만나다

제 1 부
도시의 얼굴을 만나다

1 / 명동과 가로수길, 도시공간 형성의 비밀

    동洞과 길路, 면面과 선線의 비밀
    명동, 사람 중심의 '휴먼 스케일'로 만든 도시
    가로수길, 자동차 중심의 '카 스케일'로 그린 도시
    사람과 자동차, 공존의 길
    미래의 서울을 상상하다, 강남 스타일의 실체를 찾아서

2 / 도시의 얼굴, 상호와 간판에 담긴 도시 이야기

    도시의 얼굴, 광고와 상호
    상호에 담긴 의미, 가게의 첫인상
    송현동의 작은 가게, 57번가 카페 & 갤러리
    맨해튼의 57번가, 그리고 서울의 57번가
    상호에 담긴 꿈과 가치, '마음이 부자인 집'을 향한 여정

3 / 굴뚝도 예술이 된다, 도시를 바꾸는 창조적 상상력

    바르셀로나 도시의 매력을 찾아서
    가우디, 평범한 것을 특별하게 : 굴뚝에서 예술작품으로
    우리의 도시 새로운 변신을 꿈꾸다, 담장에서 예술로

4 / 청와대를 걷다, 권력공간이 지도자를 만든다

청와대의 문이 열리다, 금단의 영역에서 열린 공간으로
청와대를 거쳐 간 대통령들, 공간이 만든 운명
인간이 공간을 지배하는가, 공간이 인간을 지배하는가?
공간이 지향해야 할 가치, 소통과 포용의 권력공간을 위하여

5 / 지하철의 새로운 변신, 기존 인프라의 창의적 활용

도시 땅속을 달리는 시민의 발
물류 경쟁력이 도시를 살린다
밤의 지하철, 물류 고속도로로
도시의 미래를 여는 새로운 가능성, 지하철 적자의 탈출구?

6 / 격리된 섬이 된 학교, 열린 공간으로 거듭나야

방과 후 텅 빈 학교, 왜일까? : 관료주의와 할거주의
학교 풍경, 호주와 뉴질랜드의 열린 모델
학교를 열어 지역 사회와 함께, 책임과 관리의 분담과 협업
잠자는 학교를 깨우자, 지역 커뮤니티의 중심으로

제1부

도시의 얼굴을 만나다

> 사람마다 얼굴이 다르듯 도시의 얼굴도 각양각색. 만남에서 첫인상이 중요하듯이 도시의 첫인상도 중요하다. 도시의 첫인상, 어떠할까? 최근 외국 관광객이 늘어나니 평소에 생각지도 않은 질문이 이어지는데 -

1. 명동과 가로수길, 도시공간 형성의 비밀

> 명동과 가로수길, 비슷한 상징성을 가지지만 왜 하나는 동洞이고, 다른 하나는 길路인가?

동洞과 길路, 면面과 선線의 비밀

서울의 거리를 걷다 보면, 강북의 전통적인 한옥과 시장의 정겨운 분위기, 그리고 강남의 고층 빌딩과 세련된 카페들이 뚜렷하게 대비되는 매력을 쉽게 느낄 수 있다. 필자가 자주 방문하는 서울 종로구 인사동 근처의 한 카페에서는 외국인 관광객들이 자주 이런 질문을 한다. "명동은 어디인가요?" 또는 "가로수길은 어떻게 가나요?"라는 질문들이다. 왜 이들은 강북의 명동과 강남의 가로수길을 묻는 걸까? 그 이유는 아마도 서울의 상권을 대표하고 강북에서 가장 번화한 지역이라 가보고 싶은 곳이 명동이고, 강남에서 비슷한 매력을 가진 곳이 가로수길이기 때문일 것이리라.

하지만 두 공간洞과 路이 가진 개념에는 흥미로운 차이가 있다. 명동은 '면적面的, Area'인 개념이고, 가로수길은 '선적線的, Line'의 의미를 지니고 있다. 왜 강북은 '명동'이라는 면적 개념을, 강남은 '가로수길'이라는 선적 개념으로 사람들의 입에 오르내릴까? 이는 각 지역이 성장하고 발전해 온 방식과 공간의 특성과 밀접하게 관련이 있으리라.

명동, 사람중심의 '휴먼 스케일'로 만든 도시

강북의 명동은 도보권 시대, 사람이 발이 중심이 되어 만든 공간이다. 사람들이 걸어서 생활하던 시기에, 사람 중심의 '휴먼 스케일human scale'로 만들어진 셈이다. 명동은 조선시대에는 가난한 선비들이 주로 거주하던 곳이었다. 일제강점기 명동은 일본인이 거주하던 남촌의 상업지로 개발되면서 활기를 띠게 되었다. 도보중심의 교통수단이 일반적이던 이 시절의 명동은 사람과 사람 간의 면 대 면face to face 만남을 중심으로 발전했으며, 이는 '면적 공간'이 중요시되었던 이유이다. 명동은 그

〈사진 1〉 명동 모습

렇게 대한민국을 대표하는 상업 공간으로 자리 잡았다.

필자는 대학 시절, 크리스마스이브에 명동을 방문했던 기억이 아직도 생생하다. 당시 명동은 크리스마스를 맞아 화려한 조명과 캐럴이 울려 퍼지는 대표적인 공간이었고, 사람들로 가득 찬 거리는 축제 분위기 그 자체였다. 그때의 경험은 사람들로 가득한 명동의 활기와 인간적인 교류의 중요성을 느끼게 해주었고, 명동이 왜 사람 중심의 공간으로 사랑받는지 다시금 깨닫게 해주었다.

그때 명동은 사람들로 가득 차서 한 발짝도 움직이기 힘들었고 숨조차 쉬기 어려울 정도였다. 마치 거대한 인파의 파도 속에 갇힌 듯한 느낌이었다. 이렇듯 명동은 사람 중심의 공간, 휴먼 스케일의 전형적인 예라고 할 수 있다. 명동의 좁은 골목길을 따라 다양한 상점과 음식점들이 밀집해 있었고, 이러한 밀집도는 사람 간의 소통과 교류를 촉진하였다. 사람들은 서로의 얼굴을 마주 보며 쇼핑하고, 식사를 함께하고 대화를 나누며 자연스럽게 인간적인 교감을 나눌 수 있는 대표적인 공간이었다. 지금도 명동은 사람이 중심인 공간으로 자리하고 있다사진 1참조.

가로수길, 자동차 중심의 '카 스케일'로 그린 도시

반면, 강남은 허허벌판이었던 곳에 과밀한 강북을 분산하고자 계획도시의 꿈을 담아 개발되었다. 도시계획 전문가가 중심이 되어 사전에 치밀한 계획과 그린 도면이 바탕이 되었다. 1970년대에 강남은 토지구획정리사업으로 바둑판같이 사각형 형태의 자동차 중심의 '카 스케일car scale'로 개발되었다. 당시 자동차는 고가의 사치품이었지만 도시계획가들은 미래의 마이카 시대를 대비해 자동차가 편리하게 이동할 수 있는 격자형 도로망을 구축했다. 계획적으로 설계된 '선적 개념'이 강남의 발전을 이끄는 주축이 된 셈이다.

강남의 공간 계획은 자동차 중심의 도로망 구조로 설계되어 도보권 중심의 공간과는 차별화되는 모습이다. 이에 따라 신사동은 면적 개념보다는 '가로수길'이라는 선적 개념으로 자리 잡지 않았을까? 차량의 흐름을 원활하게 하기 위해 최소한 4차선 이상의 도로와 주차가 용이한 공간을 중심으로 한 강남은 사람보다는 자동차가 주인공이 된 공간이 된 셈이다. 자동차가 중심이다 보니 도로를 가로질러 건너다니기 어려워졌고,

교차로와 신호등을 따라 이동해야 하는 제약도 생겼다. '카 스케일'이 '휴먼 스케일'을 구축하는 데 방해가 되었다고나 할까.

강남의 가로수길은 오늘날에도 많은 사람이 찾는 명소이다. 하지만 최근에는 가로수길의 명성이 쇠락해 가고 있다. 바로 젠트리피케이션Gentrification 현상 때문이다. 지역이 활성화되니 건물주는 임대료를 올리고 기존 상인들은 상승하는 임대료를 따라가기가 힘들어 밀려나게 된다. 그나마 형성된 가로수길의 명성이 사라질까 우려된다.

가로수길의 양옆을 따라 심어진 가로수들은 빌딩 속 자연의 느낌을 주며 걷기 좋은 환경을 제공하지만, 이 길은 여전히 자동차의 흐름에 의해 보행자들의 활동에 제약을 주기도 한다. 가로수길을 걸으며 마주치는 차량은 보행자들에게는 불편한 존재 일 게다. 이는 가로수길이 완전한 보행자 중심의 공간이 되지 못하는 이유 중 하나이다. 〈사진 2〉에서와 같이 가로수 길은 여전히 차량이 주인인 듯한 모습이다.

강남의 공간 계획은 처음부터 자동차 중심으로 이루어졌기에, 사람들의 생활 양식도 자동차에 의존하게 되었다. 대형 쇼핑몰과 넓은 도로, 주차장이 주요 인프라로 자리 잡았고, 이는 이동을 통한 사람들 간의 자연스러운 만남보다는 목적지에 도착하기 위한 이동을 우선시하게 만들었다. 이러한 도시 구조는 공간을 통한 사람과 사람들 간 '면 대 면face to face' 교류의 확장에는 제약 요소로 작용하였으며, 결과적으로 강남은 면面보다는 선線적인 요소가 중심이 된 지역으로 성장하게 되었다.

사람과 자동차, 공존의 길

만약 강남이 자동차와 보행자가 조화를 이루도록 개발되고 발전하였다면 어땠을까? 신사동은 가로수길 대신 명동처럼 면적 공간으로 발전했을지도 모른다. 그럼 '가로수길' 대신에 '신사동'으로 자리매김하지 않았을까? 자동차가 중심이 아닌 보행자가 주가 되는 공간, 즉 '면面적 + 선線적 공간'이 조화롭게 이루어진 강남을 상상해 보자. 차량의 속도를 적절하게 제어할 수 있는 곡선 및 요철 형태의 도로와 사람들이 자유롭게 이동할 수 있는 보행 공간, 그리고 한강공원과 연결된 가로수길이 만들어졌다면, 강남은 명동과는 다른 방식으로 서울을 대표하는 상징적인 공간이 되지 않았을까.

신사동이 명동처럼 면적面的 중심의 공간으로 발전했다면, 이곳은 지금보다 밀도 높은 사람들 간의 소통과 교류의 중심지로 자리 잡았을 것이다. 보행자가 주가 되는 공간은 자연스럽게 사람들을 더 많이 모이게 하고, 상업활동과 문화적 교류가 활발해질 수 있는 토대를 제공하기 마련이다. 신사동에는 다양한 가게와 카페, 문화 공간이 밀집해 사람들에게 휴식과 여유를 제공하고, 이와 동시에 지역 경제에도 긍정적인 영향을 미칠 수 있었을 것이다.

또한, 가로수길의 한쪽 끝자락이 한강공원과 연결된다는 점은 강남이 가진 천혜의 자원 중 하나이다. 만약 이 연결성을 활용해 가로수길과 한강공원이 자연스럽게 이어지는 보행자 중심의 공간이 구축되었다면, 이곳은 강북의 명동과는 또 다른 매력을 지닌 상징적인 장소로 발전했을 것이다. 강남이, 가로수길이 보행자에게 더욱 친화적인 공간으로 만들어졌다면, 서울은 자동차와 보행자가 공존하는 도시로서 새로운 모델을 제시할 수 있지 않았을까?

미래의 서울을 상상하다, 강남 스타일의 실체를 찾아서

강남은 가수 싸이의 '강남스타일'이라는 노래로 전 세계에 알려졌지만, 그 실체가 무엇인지는 알 수가 없다. 그 이미지에 걸맞은 예술적 커뮤니티, 지역 문화 행사, 그리고 사회적 교류 공간 같은 문화적, 사회적 기반이 체감되지 않는다. 실체가 있는 하드웨어와 소프트웨어의 조화로운 접목, 진화한 K-Culture로서의 강남은 부재不在하거나 미완의 모습이다. 그래서 가로수길을 걷다보면 강남에는 무언가가 빠져있다는 아쉬움을 느낀다.

〈사진 2〉 가로수 길 전경

더욱 빛나는 강남의 미래를 위해 무엇이 필요할까?

강남의 진정한 가치는 사람과 공간이 조화를 이루는 데서 비롯될 것이다. 자동차와 보행자가 함께 공존하며, 인간적인 교류와 문화적 풍요로움을 제공하는 공간으로 발전하는 것이 강남이 나아가야 방향이 아닐까? 가로수길과 신사동이 단순히 자동차와 도로로 대표되는 곳이 아니라, 사람들의 삶과 이야기가 녹아 있는 진정한 의미의 '면적 + 선적 공간'으로 거듭나기를 바란다. 그렇게 된다면 강남은 강남스타일이 그 문화적 실체를 드러내는 서울을 대표하는 진정한 상징적 공간으로 자리잡을 수 있지 않을까?

'명동'과 '가로수길'을 접하면서 도시에서 만들어지는 명칭 하나에도 환경과 시대의 산물임이 체감된다. 어찌보면 명칭은

당대를 살아가는 도시인들의 거울인 셈이다. 주어진 환경 및 시대와 더불어 다가올 미래와 내일을 향한 시민들의 여망이 함께 한다면 도시는 한층 풍요로운 공간으로 탈바꿈하지 않겠는가?

2. 도시의 얼굴, 상호와 간판에 담긴 도시 이야기

사람마다 얼굴이 다르듯, 상호에서도 도시의 맛을 느낄 수 있다면 -

도시의 얼굴, 광고와 상호

도시는 치열한 삶을 살아가는 인간 삶의 경연장이다. 저마다 경쟁사회에서 살아남기 위한 온갖 노력과 정성을 쏟기 마련이다. 사람이 아침에 일어나면 세수를 하고 화장을 하는 것으로부터 하루를 시작한다. 민낯보다 아름다운 모습을 보이기 위해 화장하는 사람처럼, 도시에 있는 저마다의 가게들도 치장에 열을 올린다.

자기 가게를 중심으로 가능한 한 돋보이게 하려고 화려한 치장을 하다보니 이웃 가게들과 조화롭기보다는 종종 갈등의 도화선이 된다. 간판의 부착 위치며 크기, 색상, 재질, 안전성 등으로 인접한 가게들뿐만 아니라 도시공간을 이용하는 보행자, 시민에게 눈살을 찌푸리게 하는 일이 비일비재하다. 개개 간판

하나로서는 아름다움이 출중할지 몰라도 이웃 가게와 조화롭지 못하거나 도시경관을 해치는 경우가 다반사이다. 마치 화장을 잘하면 본래의 모습보다 한층 돋보이지만, 잘못된 화장으로 나락으로 떨어지는 것과 같이.

한동안 도시정부는 간판 때문에 도시의 얼굴이 망가지고 경관이 훼손되는 문제로 심각한 고민에 봉착하였다. 개인의 사유공간에서 일어나는 영업행위자들의 광고물 부착을 지방정부가 강제로 통제하기도 쉬운 일이 아니다. 그런데도 볼썽사나운 광고물 문제를 내팽개쳐 두기에는 시민의 원성과 한국을 방문하는 관광객들의 비판적 시각을 외면할 수는 없었다. 고민 끝에 정부는 광고물 정비법 등 관련 제도를 마련하고 사업자들에 대한 유인체계를 마련하였다.

개개의 가게 중심에서 벗어나 가로경관 전체를 살리고 조화롭고 아름다운 도시의 얼굴을 살릴 수 있도록 가이드라인을 마련하였다. 이에 협조할 경우에는 공공의 예산으로 간판 정비사업을 하도록 지원방안을 강구하였다. 비유하자면 한 그루의 나무를 심기보다는 전체 도시경관을 살리는 일종의 아름다운 도시 숲을 가꾸기 위한 사업이었다. 이후 난삽하고 얼굴을 찌푸리게 하던 간판은 많이 정비되었다. 이러한 노력 덕분에 도시의 얼굴이 한층 밝아지고 좋아졌다. 하지만 아직도 어울리지 않거나 다시 과거의 모습이 되살아나는 듯한 모습도 보인다. 지속적인 관심과 관리가 필요함을 일깨워 준다.

상호에 담긴 의미, 가게의 첫인상

도시에는 무수한 가게들이 치열한 경쟁을 벌이고 있다. 경쟁하기 위해서 간판을 부착해야 하고 간판에는 상호가 자리하기 마련이다. 어떻게든 경쟁에서 살아남기 위해 가게주들은 갖은 정성을 쏟는다. 상호 하나에도 가게의 위치와 업종의 특징, 상징성, 차별성, 상호의 기억 소환성, 장소적 특성이나 명칭의 함의 등 다양한 요소가 결부되어 있다.

사람과의 만남에서 첫인상이 중요하다. 가게도 마찬가지이다. 간판과 상호에 담긴 의미가 중요해지는 까닭이다. 가게주들은 어떻게 하면 손님을 쉽게 끌어들이고, 양질의 서비스 제공을 통해 만족감을 드높이고, 다시 찾고 싶은 곳으로 만들까를 고민한다. 가게가 번창하기 위해서는 첫인상도 중요하지만, 가게가 풍기는 맛과 멋, 내면의 모습도 아름답게 자리하도록 해야 한다. 여기서는 서울 종로구 인사동 인근에 있는 어느 카페와 갤러리 상호에 관한 이야기를 따라가 보자.

송현동의 작은 가게, 57번가 카페 & 갤러리

요즈음 젊은이들이 직장 찾기가 만만찮다. 고민 끝에 한 젊은이가 창업의 길로 들어섰다. 특별한 전문지식이 뒷받침되지 못하다 보니 비교적 쉬워 보이는 듯한 카페 창업이었다. 바리스타 교육과 더불어 이 창업자의 작은 꿈이 시작된 곳은 송현동 57번지였다. 창업과 관련하여 가장 먼저 부딪히는 문제는 카페 간판과 상호를 어떻게 할 것인가에 대한 것이었다. 고민 끝에 〈사진 3〉에서와 같이 1층은 카페이고 2층은 갤러리라 "57번가 카페 & 갤러리57th Street Cafe & Gallery"로 하기로 하였다. '카페 57번가'라는 이름은 카페가 있는 역사와 공간, 위치, 창업자의 꿈 등이 얽혀있는 의미를 담고 있다. 이 카페 상호를 통하여 도시의 공간이 지니는 의미와 특성, 시민과의 소통성, 도시관리의 체계성을 되짚어보는 계기가 되었다.

카페 이름을 고민하며 많은 시간을 보냈다. 원래 송현동松峴洞은 소나무가 많은 언덕의 동네라는 뜻이다. 그 과정에서 여러 가지 아이디어가 오갔지만, 소나무 동네의 57번지를 살리는 것이 역사성과 지역성을 살리는 것이라 생각했다. 결국 송현동 57번지인 지번을 따라 '카페 57번가'로 결정하게 되었다. 이는 단순히 위치를 나타내는 것을 넘어 미국에서 경험한 뉴욕 맨해튼의 도시 풍경과 주소 체계에 대한 추억에서 비롯된 것이다.

맨해튼의 57번가, 그리고 서울의 57번가

　필자가 미국에 머물 때 세계의 경제 수도인 뉴욕 맨해튼을 가끔 방문하였다. 맨해튼은 잘 정돈된 미니블록 격자형 도시 구조로 필자에게 강한 인상을 남겼다. 맨해튼은 각 블록마다 남북 방향의 짧은 블록264피트, 약 80.5미터과 동서 방향의 긴 블록750피트, 약 228.6미터으로 일방통행 신호체계와 잘 어우러졌다. 일방통행체계로 차량 흐름을 원활하게 만드는 모습은 우리나라의 도로 체계와는 사뭇 달랐다. 우리나라의 경우, 도로는 맨해튼처럼 체계적으로 정렬되지 않고, 지형과 토지의 개발순서에 따른 지번체계에 따라 복잡하게 얽혀있다. 이로 인해 처음 낯선 곳을

〈사진 3〉 57번가 카페 & 갤러리 전경

방문한 사람이 길을 찾기 어려운 경우가 많다. 맨해튼을 거닐며 도시의 구조가 얼마나 치밀하고 효율적으로 설계되었는지 느낄 수 있었다. 그곳의 도시 계획은 질서 정연하면서도 직관적이었고, 이는 그곳에 사는 사람들에게 큰 편리함을 제공했다.

특히 맨해튼의 주소 체계는 마치 도시의 좌표군대에서 사용하는 독도법과도 같았다. 남북 방향은 Avenue, 동서 방향은 Street로 구분되고, 5번가를 기준으로 동쪽은 East, 서쪽은 West로 나뉘어 있어 특정 주소를 찾을 때 방향을 쉽게 파악할 수 있었다. 예를 들어, 'East 5th'라고 하면 동쪽으로 5번가에 위치함을 바로 알 수 있었기 때문에 위치 파악이 매우 쉬웠다. 이 체계는 단순히 길을 찾는 것을 넘어, 도시를 이해하고 하나의 거대한 지도 속에서 자신의 위치를 확인하는 데 큰 도움을 주었다. 이러한 체계 덕분에 맨해튼을 처음 방문했을 때도 길을 쉽게 찾을 수 있었고, 도시와 빠르게 친숙해질 수 있었다. 우리나라의 도로 체계와는 다른 맨해튼에서의 이러한 경험은 깊은 인상을 남겼다.

카페 57번가, 이는 도로명 주소로 인해 사라져 가는 지번체계의 소환이다. 우리나라가 도로명 주소 체계로 전환되면서 예전의 지번에 대한 추억은 점점 사라져 가고 있다. 지번은 과거 우리의 생활과 깊이 연결되어 있으며, 그 속에는 많은 이야기

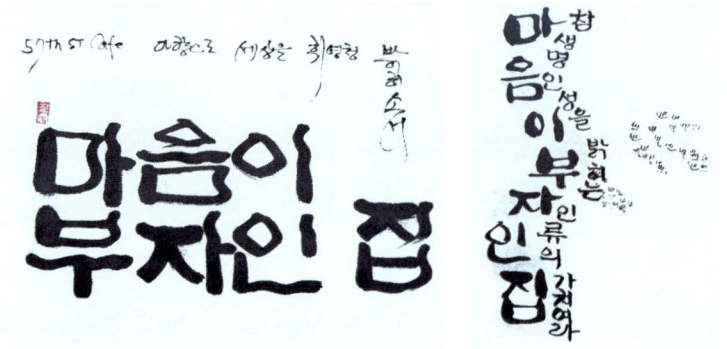

〈사진 4〉 카페 57번가가 지향하는 가치, 마음이 부자인 집

가 담겨있다. 예를 들어, 어린 시절 친구의 집을 찾아가기 위해 지번을 외우고, 체계적이지 못한 지번 배치로 친구 집을 찾기 어려웠던 경험들이다. 그러나 도로명 주소 체계가 자리 잡으면서 지번에 대한 기억은 서서히 희미해졌다. 이런 변화 속에서 장소의 흔적과 지번에 대한 추억을 담고자 하는 마음으로 카페 이름에 '57번가'를 붙였다. 이는 단순한 위치 정보 이상의 의미를 지니고 있다. 카페 이름은 카페가 위치한 공간과 시간, 추억과 기억, 그리고 우리가 중요하게 생각했던 가치들을 담고 싶었기 때문이다.

상호에 담긴 꿈과 가치, '마음이 부자인 집'을 향한 여정

흥미롭게도 맨해튼의 57번가에는 센트럴 파크 남쪽에 위치한 세계 최고층 주거용 건물인 'Central Park Tower'가 있다 사진 5참조. 이 타워는 131층472m으로 129층에서 131층은 사면 조망이 가능한 팬트하우스로 가격이 수천억 원에 이른다고 한다. 부와 성공의 상징과도 같은 그 장소의 이름을 '카페 57번가'가 조용히 품게 된 것이다. 이는 맨해튼의 57번가가 품고 있는 번영을 함께 누리기를 바라는 소망이 담겨있다. 그러나 경제적 성취보다 중요한 동기는 비록 카페 57번가가 작은 공간이지만 도시의 일상에서 풍요로움을 느끼면서 많은 사람이 따뜻한 추억을 만들고, 서로의 이야기를 나누고 즐기는 곳이 되기를 바라는 마음이었다. '카페 57번가'는 시민들이 소소한 일상을 즐기면서 인생소즐인을 만끽하는 곳, 시민들에게 정감이 풍성해지는 '마음이 부자인 집'으로 자리매김하고 싶다고나할까사진 4참조.

작은 카페 하나에 담긴 도시에 대한 추억, 변화하는 풍경에 대한 향수 — 즉, 과거의 소박하고 정겨웠던 거리 모습과 사람들과의 교류가 점차 사라져 가는 것에 대한 그리움 — 그리고 창업자의 꿈이 모여 '카페 57번가'가 탄생했다. 송현동 57번지에서 시작된 작은 꿈은 이제 많은 사람에게 사랑받는 공간이 되고, 그 속에서 우리는 매일 새로운 이야기를 만들어가고 있다. 단순히 상업적인 공간을 넘어, 이곳에서 따뜻한 커피향과 함께 그림을 감상하며 지나가는 사람들과 눈을 맞추고, 서로의 이야기를 공유하는 순간들이 쌓여 가면서 도시는 한층 풍요로워지고 '카페 57번가'의 진정한 가치가 발현되는 것이리라!

〈사진 5〉 맨허턴 57번가 : Central Park Tower 전경 (출처 : 로이터=연합뉴스)

3. 굴뚝도 예술이 된다, 도시를 바꾸는 창조적 상상력

> 스페인 바르셀로나에서는 한 사람의 건축가가 도시의 생명력을 한층 고양! 심지어 굴뚝까지도 도시가 살아 숨쉬는 생명의 원동력으로 -

바르셀로나 도시의 매력을 찾아서

여러분은 스페인의 바르셀로나를 알고 계신가요? 많은 관광객이 이 도시를 찾는 데는 특별한 이유가 있다. 피카소와 가우디가 살아 숨쉬는 듯한 도시, 바르셀로나는 독특한 건축물과 풍부한 문화, 그리고 활기찬 거리 예술로 유명하다. 바르셀로나는 단순한 관광지가 아니라, 도시 자체가 거대한 예술 작품이다. 예를 들어, 구엘 공원이나 사그라다 파밀리아 성당 같은 가우디1852~1926의 작품들이 도시 곳곳에 자리하고 있다. 거리를 걷다 보면 곳곳에서 예술의 향기를 느낄 수 있다.

물론 모든 도시가 처음부터 이렇게 아름다웠던 건 아니다. 도시에 사람들이 모여들수록 위생 문제, 주택 부족, 교통 혼잡, 환경오염 등 여러 문제가 생기기 마련이다. 이를 해결하기 위해 도시계획과 인프라 확충, 대중교통 시스템 개선, 친환경 정책 등 다양한 시도가 필요하다. 바르셀로나는 여기에다 독창적인 도시문화를 발전시켜 도시의 매력을 드높인 사례로 유명하다. 문화와 예술이 살아 있어야 선진도시가 될 수 있다. 예술이 살아 숨쉬는 바르셀로나, 뭇사람들을 끌어 들이는 동력이다.

가우디, 평범한 것을 특별하게 : 굴뚝에서 예술작품으로

필자가 바르셀로나를 처음 방문한 것은 "세계도시 포럼"에서 서울의 발전 과정을 발표해 달라는 요청 때문이었다. 세미나에 참석하여 일행들과 위대한 건축가 가우디에 대한 의견을 많이 나누었다. 그곳에서 만난 가우디의 건축물들에서 깊은 인상을 받았다. 곳곳에서 가우디의 숨결을 느낄 수 있었으며 심지어 굴뚝까지도 가우디의 체취가 물씬 풍겼다.

〈사진 6〉 바르셀로나 가우디의 굴뚝 모습
(출처 : Márius Carol & Paco Elvira (1999), Barcelona, Lunwerg)

　보통 굴뚝이라면 난방 시 연기를 내보내는 역할을 하는 것이 일반적이다. 하지만 가우디는 달랐다. 그의 손길이 닿은 굴뚝은 〈사진 6〉에서 보는 바와 같이 타일과 유리 조각으로 장식되어 마치 동화 속에서 튀어나온 것처럼 독특한 모양으로 변했다. 파란색, 녹색, 붉은색 등의 화려한 색상들이 어우러져 밝고 생동감 있는 느낌을 주었고, 나선형과 기하학적인 모양들이 섬세하게 조화를 이루며 마치 살아있는 예술 작품처럼 보였다. 각기 다른 색상과 형태로 디자인된 굴뚝들은 단순한 구조물을 넘어 하나의 예술 작품이 되었다. 이를 통해 바르셀로나의 거리에는 마치 꿈결 같은 분위기가 더해졌다. 각각의 굴뚝이 마치 이야기를 들려주는 것 같았다. 가우디가 없었다면 오늘날의 바르셀로나는 지금처럼 많은 사랑을 받았겠는가?

우리의 도시 새로운 변신을 꿈꾸다, 담장에서 예술로

　우리나라에도 비슷한 시도가 있었다. '담장 허물기' 운동을 기억하시나요? 이 운동은 특히 서울과 같은 대도시에서 큰 변화를 불러일으켰다. 예를 들어, 서울 마포구의 한 주택가는 담장을 허문 후 이웃들이 함께 사용하는 작은 정원과 놀이 공간을 조성해, 주민 간의 소통이 활발해지고 동네 분위기가 더 밝아졌다. 1990년대 후반, 주차 공간 부족으로 인해 담장을 허물고 주차장을 만드는 방식으로 시작된 이 운동은 많은 변화를 가져왔다. 담장이 사라지면서 이웃 간의 경계가 허물어졌고, 자연스럽게 이웃과의 교류가 늘어났다. 담장 대신 작은 정원이나 쉼터가 생기면서 동네에 활기가 돌기 시작했다.

　이제는 한 걸음 더 나아갈 때다. 가우디가 굴뚝을 예술 작품으로 만들었듯이, 우리의 회색 담장도 벽화를 그리거나 조각품 전시 공간, 때로는 식물을 심어 자연을 더해 미니 스트리트 파크Pocket Park 등를 만드는 방식으로 새롭게 태어날 수 있다. 부산 감천문화마을처럼 벽면을 다채롭고 아름답게 그린 것은 시작일 뿐이다. 북촌 입구 감고당길 벽화는 외국인들이 즐겨 찾으며 사진 촬영 명소가 되고 있다. 어느 한 외국관광객이 카페57번가에 들려 감고당길 벽화가 어디 있는지를 묻기도 하였다사진 7참조. 서울에서 얼마나 볼거리가 없으면 D여고 담벼락 벽화

〈사진 7〉 외국인들이 즐겨 찾는 북촌 입구 감고당길(율곡로) 벽화

까지 찾는 것일까? 거리의 조그만 벽화 하나에도 도시의 생명력은 충전되는 것이리라. 우리의 상상력과 예술가들의 재능이 만나면, 도시의 생명력이 한층 충만하고 도시 구석구석이 예술작품으로 승화할 수도 있으리라.

 좋은 도시는 창의적인 인재와 그곳에 사는 사람들이 함께 만들어 간다. 가우디의 상상력이 오늘 바르셀로나의 초석이 되었듯, 시민들의 일상에 예술이 스며들고, 문화가 숨 쉴 때 도시는 한층 생명력을 높인다. 담장 하나에도 예술의 숨결을 불어넣는다면, 우리의 도시도 분명 더 많은 사람의 사랑을 받게 될 것이다. 우리에겐 불가능의 DNA가 없다. 세계에서 K-Pop이 위용을 떨치고 있듯이 K-Architecture, K-City도 만들어지도록 정성을 쏟아야 하지 않겠는가.

4. 청와대를 걷다, 권력공간이 지도자를 만든다

> 인간이 공간을 지배하나, 공간이 인간을 지배하나? 도시가 만들어진 연유는 인간이 공간을 지배하기 때문이 아닌가. 그런데 청와대를 거쳐 간 전직 대통령을 보면 공간이 인간을 지배한 것은 아닌지?

청와대의 문이 열리다, 금단의 영역에서 열린 공간으로

평소 주로 활동하는 공간이 삼청동 인근이라 청와대 정문 너머로 푸른 기와집이 있는 모습을 자주 보곤 했다. 그 모습은 멀리서도 웅장하고 아름다웠으며, 마치 손에 닿을 수 없는 신비로운 느낌을 주었다. 청와대가 개방되자 가까이 가서 보고 싶다는 생각은 있었지만, 언제든 갈 수 있다는 마음에 계속 미루었다. 그러던 중 캐나다로 이민을 간 친구가 고국을 방문하면서 청와대를 가보고 싶다고 했다. 직업군인 출신인 친구의 바람에 이번 기회에 청와대를 함께 방문하게 되었다.

청와대는 대통령의 집무실이자 관저였다. 청와대는 본관, 소정원, 상춘재, 녹지원, 관저 등으로 구성되어 있다. 이외에도 업무동, 영빈관, 춘추관이 있다. 먼발치서 보았던 청와대 본관은 가까이서 보니 더욱 웅장하고 위엄이 넘치는 모습이었다. 본관 내부를 둘러보면서 이런저런 생각을 지울 수 없었다. 이 웅장한 건물의 상시 근무자는 바로 대통령이다. 1층은 손님이 오면 잠깐 머무르는 대기실 및 접견실이 주된 공간이고, 2층은 대통령만의 집무실 및 소회의실이다. 참모들과 회의라도 하려면 상당한 거리에 떨어져 있는 업무동에 근무하는 비서진을 불러야만 한다. 필자도 청와대 업무동을 방문해 본 경험이 있는데 비서진들이 청와대 본관에 가게 될 때는 공간적 이격으로 업무동에서 청와대 본관으로 가는 과정에서 더욱 긴장하게 된다고 하였다.

청와대를 거쳐 간 대통령들, 공간이 만든 운명
• 과거의 청와대 공간의 역사, 경무대서 청와대로

청와대를 방문하면서 과거 청와대에서 일하는 모습이 궁금해졌다. 조선시대 경복궁이 국가통치를 위한 정궁이었다. 북악산 자락에 자리를 잡은 청와대가 입지한 공간은 과거 경복궁의 후원 성격의 공간이었다. 국사에 지친 임금의 심신을 달래면서 기력을 회복시켜 주는 공간이었으리라!

원래 이곳은 경복궁 뒤 소나무 숲이 우거진 곳으로 조선시대에는 과거 시험이나 궁술대회가 열렸고, 일제 강점기에는 소풍이나 각종 행사가 열린 공간이기도 했다. 조선왕조가 패망하면서 일본은 경복궁의 후원을 대한제국의 정기를 끊으면서 한반도 통치를 위한 공간으로 변모시키기 시작하였다.

　최초의 대통령 집무실인 경무대는 일제 강점기인 1939년 8월 조선총독부가 총독 관저로 지었다. 이후 3명의 총독이 사용하였고, 해방 이후에는 잠시 미 군정 사령관 관사로 사용되기도 하였다. 경무대가 대통령 관저가 된 것은 이승만 초대 대통령이 취임한 이후부터이다. 이 대통령 집무실이 된 이후, 경무대는 봄꽃 철에 정원을 일반에 공개하기도 하였다. 당시 시민과 학생들이 정원과 연못을 구경하고 이 대통령 부부와 함께 기념사진을 촬영하기도 하였다. 하지만 1955년 시작된 개방 행사는 4, 5월에 사흘가량 진행됐고, 1968년 1.21 무장공비 침투 사건이 일어나고부터는 금단의 영역으로 바뀌었다.
　3.15 부정선거가 도화선이 되어 1960년 4·19 혁명이 발발하여 이 대통령은 하야 성명을 발표하고 경무대를 떠났다. 당시 부정선거에 분노한 시위대와 유혈 충돌로 인하여 180여 명의 희생으로 하야한 이 대통령에 이어 제2공화국의 2대 윤보선 대통령이 취임하였다. 윤보선 대통령은 취임 후 4개월 만인 1960년 12월 30일 경무대를 청와대로 바꾸겠다고 특별 담화를 발표하였다. 경무대는 "1인 독재 시절을 연상시킨다"라고 하여 건물의 푸른 기와를 상징하여 청와대靑瓦臺로 개칭하였다.

이듬해인 1961년에는 5.16 군사 정변이 일어나 윤 대통령은 결국 타의에 의해 또 하야하였다. 1962년 3월 22일 윤보선 대통령은 청와대에서 기자회견을 열어 하야를 발표하고, 청와대를 떠났다. 국가재건최고회의가 하야를 공식 의결한 건 그로부터 사흘 뒤였다.

• 박정희 대통령 이후의 청와대, 권위주의 공간의 유산

청와대에서 가장 오래 거주한 대통령은 박정희 대통령으로 1979년 10·26사태로 서거할 때까지 무려 15년 11개월이나 되었다. 1968년 1월 21일 청와대 뒤편 북한산과 자하문을 통해 북한 무장 공비가 박 대통령과 정부 요인을 암살할 목적으로 청와대 바로 옆까지 침투했다. 청와대를 습격하기 직전 무장공비 김신조가 생포되고, 나머지 무장공비는 대부분 사살되고 일부는 북으로 탈주하였다. 1·21 사태를 계기로 청와대 인근의 경호가 대폭 강화되어, 청와대 앞길과 북한산, 북악산, 인왕산길의 일반인 출입이 반 세기가량 금지되었다.

뒤이은 과도기 성격의 최규하 10대 대통령은 역대 대통령 가운데 청와대에서 머문 시간이 가장 짧았다. 1979년 12.12 전두환 보안사령관의 군사 반란 이후인 1980년 8월 대통령직에서 물러난 최 대통령은 권한대행 기간을 포함해도 10개월 정도 청와대에 머물렀다. 최 대통령은 취임 초기 관저 개보수를 위해

기존 총리 관저에서 79일간 청와대 집무실로 출퇴근하기도 하였다. 이어 청와대의 주인이 된 전두환 대통령 시기에는 청와대의 변화상이 별로 공개되지 않았다.

〈사진 8〉에서 보는 바와 같이 74년 동안 청와대의 변모는 이승만 대통령의 경무대시대1948~1960, 윤보선 대통령에서 전두환 대통령까지의 구본관 청와대시대1961~1991, 노태우 대통령에서 문재인 대통령까지의 신본관 청와대시대1991~2022로 구분할 수 있다. 제6공화국의 노태우 대통령은 경무대 건물을 보수해 사용해 온 청와대의 구 본관을 허물고 한국전통건축양식의 신본관으로 신축하였다. 본격적으로 민주화 과정을 겪으면서 신본관에서는 노태우, 김영삼, 김대중, 노무현, 이명박, 박근혜, 문재인 대통령이 근무했다. 대통령의 문장에도 사용된 신 본관 건물은 권력의 상징 공간이었다이상의 내용은 KBS 뉴스 및 아카이브 자료를 중심으로 재정리한 것임.

인간이 공간을 지배하는가, 공간이 인간을 지배하는가?

청와대 경내와 청와대 본관을 둘러보면서 여러가지 착잡한 심정이었다. 왕조시대 국왕이 업무를 보던 경복궁을 전면에 두고 그 뒤의 백악배산 아래 은밀한 공간에 입지하여 과연 대통령은 무슨 생각에 잠겼을까? 먼저 떠오르는 생각은 여기 근무하다 보면 본인도 모르게 왕조시대 임금이 된 듯한 착각에 빠지

〈사진 8〉 역대 청와대 공관 모습 (출처 : KBS 뉴스 및 아카이브 자료)

기에 십상일 것 같다. 국민을 위해 봉사할 마음이 생기기보다는 국민 위에 군림하고픈 충동이 자연스레 형성될 것 같아 보였다. 국민을 통치의 대상으로 간주하는 권위적인 정부에 잘 어울리는 공간의 모습이다.

둘째는 권위주의를 조장하는 공간의 배치와 건축물의 설계이다. 먼저 청와대 본관과 참모조직의 비서진 공간업무동 간 약 1km나 떨어져 있어 비서진이 본관에 갈때 먼발치에서 바라보는 청와대 본관의 위압적인 모습에 주눅이 들기 적절한 듯한 모습이다. 마음을 졸이면서 청와대 본관을 들어서면 본관 1층 홀과 2층으로 연결된 계단의 웅장하고 위압적인 공간에 압도당하기 마련이다. 또한 2층 집무실을 들어서면 문으로 부터 VIP가 집무하는 책상이 저 멀리 떨어져 있어 걸어가면서 공포심마저 생기는 건 아닐지 싶다. 비서진이 생각했던 얘기를 제대로 설명하기보다는 일방적인 지시를 받는것이 잘 어울리는 모습이다. 전형적인 권위주의적 행태의 권력공간이다.

셋째는 청와대는 소통을 원활하게 하기 위한 공간이라기보다는 소통을 저해하는 데 안성맞춤인 듯하다. 대통령과 비서진이 멀리 떨어져 있는데다가 본관 건물의 공간 자체가 주는 위압적이고 권위적인 분위기에서 국정운영을 위한 자유로운 의사소통이 가능할까? 아무래도 효율적인 국정운영에 장애가 될 공산이 크다. 지구촌은 시시각각 변화의 연속이다. 저마다의 국가경쟁력을 높이기 위한 창의와 혁신의 경연장이나 다름없다. 한 국가의 변화와 혁신은 다른 국가와의 경쟁력과 밀접하게 관련되어 있다. 쉼 없이 변하는 세계무대에서 경쟁력을 확보하기 위해서는 정보역량과 창의적인기술혁신이 바탕이 되고 있다. 이를 위해서는 국정운영 담당자들 간의 원활한 소통이 필수적이다. 국정의 중심에 있는 대통령의 집무공간이 소통에 장애가 되는 구조라면 국가경쟁력 제고에는 역기능적이다. 대통령은 국정과 관련된 이슈가 제기되면 신속하게 참모들과 수시로 소통할 수 있어야 하는데 기존 청와대의 구조는 부적절한 듯하다.

　넷째는 확정 편향적 시각에 매몰되기에 안성맞춤인 듯해 보인다. 대통령은 주요 국정아젠다에 대하여 수시로 참모들이나 각부 장관들과 격의 없이 토론하고 해법을 강구해야 한다. 그러나 청와대가 워낙 토론이나 논쟁을 어렵게 하는 권위적이고 격리된 구조로 설계되고 배치되다 보니 자유롭게 상호 의견을 개진하고 토론하기가 쉽지 않을 듯하다. 대신 은밀하게 고립된 청와대 공간은 정권 창출에 이바지한 동질적인 집단이나 생각이 같은 외부인사들과의 모임을 갖기에는 아주 적합하다. '초록은 동색'이란 말과 같이 끼리끼리의 모임이 잦아질 수밖에 없다. 결국 이는 확정 편향적 시각에 휩싸일 개연성이 높아지기 마련이다. 확정 편향적 시각의 지배는 집단적 확정 편향증으로 진화하는 구조로 이어진다. 중립적이고 포용적인 국정운영에 걸림돌로 작용할 여지가 높아질 뿐이다. 청와대는 현재 대한민국 사회가 안고 있는 고질병인 정치권의 집단적 확증편향증을 잉태시킨 산실이 아니었을까?

〈사진 9〉 청와대 전경 (출처 : 청와대 개방 팜플렛)

　다섯째는 청와대를 방문하면서 건축물의 설계와 공간의 배치가 얼마나 중요한가를 깨닫는 계기가 되었다. 청와대를 방문하기 전에는 청와대의 모습이 막연하나마 박정희 대통령의 권위주의 시대의 산물이라고 생각하였다. 그런데 민주화 시대가 전개된 이후인 노태우 대통령 때 현재의 삼청동 청와대신본관로 신축되었다는 사실을 접하고는 적잖이 놀랐다. 민주화를 선언한 노태우 대통령이 1991년 청와대를 신축할 때 국민들의 민주화 여망을 담을 노력을 게을리하였다는 것은 충격적이다. 당시에 청와대 신축에 대하여 국민 여론을 적극적으로 수렴하였다면 과연 현재와 같은 청와대 모습으로 탄생하였을까?

공간이 지향해야 할 가치, 소통과 포용의 권력공간을 위하여

공간은 인간을 지배하고 착각에 빠뜨린다. 그래서 전직 대통령은 불행해졌던 것은 아닌가? 청와대를 방문하면서 불현듯 스치는 의문이다. 청와대를 거쳐 간 대부분의 역대 대통령이 퇴임 후 국민의 존경과 추앙을 받으며 행복한 노후를 보내기보다는 조소와 멸시, 불행으로 점철되어 국민 모두의 마음을 불편하게 하고 있다. 물론 모두가 그런 것은 아니지만 박근혜, 이명박, 노무현 대통령 등 퇴임 후 영어囹圄의 신세로 전락하거나 스스로 생을 마감하는 삶으로 귀결되었다. 직전 문재인 대통령은 지금도 여전히 구설수에 휘말리고 있다.

재임 시에 국민과 적극적으로 소통하고 시민들의 마음을 헤

〈사진 10〉 청와대 대통령 집무실

아리는데 한층 귀 기울이시고 포용적 리더십을 발휘했더라도 같은 결과로 나타났을까? 한 국가의 명운은 그 국가지도자의 역량과 직결되어 있다. 물리적 환경이나 공간적 요인으로 지도자가 역량을 발휘하는데 제약이나 방해를 받는다면 불행한 일이 아닐 수 없다.

이제 최고 권력기관의 물리적 환경과 공간적 배치가 확연히 달라졌다. 권력에 취해 확정적 집단편향적 사고에 매몰되지 말고 전 국민을 아우르는 포용적 리더십을 발휘하기를 고대한다. 퇴임 후 국민들로부터 전임 대통령이 더욱 그리워지고 추앙받는 모습이 바람직하지 않을까. 청와대를 방문하면서 이전과는 다른 청와대, 용산 시대의 대통령실이 되기를 간절히 바란다!

그런데 갑작스러운 계엄 정국에 탄핵찬성과 탄핵반대집회로 나라가 두 쪽 난 듯 하다. 계엄 정국이 마무리되니 대통령 후보자들의 향후 청와대에 대한 논란이 뜨겁다. 만약 청와대를 이전의 청와대로 다시 환원하고자 한다면 반드시 해야 할 것이 있다. 청와대 본관을 고립된 섬으로 할 것이 아니라 대통령실 업무동을 함께 배치건립하여 대통령이 필요시 수시로 참모들과 소통할 수 있는 공간구조가 되어야만 한다. 공간이 인간을 지배하는 것이 아니라 인간이 공간을 지배하는 구조라야 한다. 그래야만 대통령도 국민도 행복해질 수 있다. 사진 9, 10 참조.

5. 지하철의 새로운 변신, 기존 인프라의 창의적 활용

> 도시의 경쟁력은 자원의 효율적 이용이 필수. 도시의 기존 인프라를 활용하여 주민의 삶을 한 단계 끌어올릴 수 있다면 '도랑치고 가재 잡는 격'!

도시 땅속을 달리는 시민의 발

도시가 커지면 사람들도 더 많이, 더 멀리 움직이게 된다. 인구가 증가하고 경제가 발전하면서 더 많은 사람이 일자리와 생활 편의를 찾아 이동해야 했고, 이에 따라 교통수단도 발달하게 되었다. 처음에는 좁은 골목길에서 시작해서 점점 넓은 도로로 발전했고, 이제는 거미줄처럼 복잡한 도로망이 도시 곳곳을 연결하고 있다. 이런 변화는 도시의 성장과 함께 필연적으로 일어났다. 더 많은 사람이 도시로 몰리면서 새로운 지역으로의 확장이 필요해졌고, 그 과정에서 교통의 발달은 필수적이었다. 지상의 도로만으로는 늘어나는 교통량을 감당하기 힘들어졌다. 차량 정체와 사고 문제도 점점 심각해졌고, 결국 사람들은 새로운 해결책을 모색하게 되었다.

그래서 우리는 지하로 눈을 돌리게 되었고, 그 결과 지하철이 탄생하게 되었다. 지하철은 도시의 새로운 숨통이 되었다. 지하철은 도로의 혼잡을 줄여 교통 체증을 완화하고, 사람들이 더 빠르고 편리하게 이동할 수 있도록 해준다. 지하철과 같은 대중교통의 발전은 환경 오염을 줄이는 데도 크게 기여하고 있다. 도로에서 벗어나 지하로 이동하게 되면서 도시는 한층 더 효율적이고 빠르게 움직일 수 있게 되었다. 이제 대도시에서 지하철은 필수품이 되었다.

물류경쟁력이 도시를 살린다

도시에서는 사람만 많이 움직이는 게 아니다. 물건의 이동도 엄청 중요하다. 우리가 아침에 마시는 커피 원두, 마트에서 사는 신선한 과일, 심지어 우리가 입는 옷까지도 모두 물류를 통해 먼 곳에서 우리에게 도착한다. 이렇듯 물류가 원활하게 이루어져야 일상생활이 원활하게 돌아갈 수 있다. 사실 도시의 경쟁력은 물건물류을 얼마나 빠르고 효율적으로 나를 수 있느냐에 달려 있다. 우리가 매일 사용하는 물건들은 대부분 멀리서부터 운반되어 온다. 신선한 식재료부터 생활필수품까지 모든 것이 물류를 통해 우리 손에 들어오는 것이다.

물류의 중요성은 도시 경쟁력을 결정짓는 큰 요소 중 하나다. 일부 도시 계획 전문가와 물류 산업 관계자들은 물류 전용 지하 고속도로를 만들자고 제안하기도 한다. 하지만 그건 엄청난 돈이 드는 일이다. 새로운 인프라를 건설하는 것은 항상 높은 비용과 복잡한 문제를 동반한다. 그러면 이미 있는 것을 더 잘 활용하는 방법은 없을까? 거미줄같이 도시 곳곳을 잇는 지하철은 이미 훌륭한 네트워크를 가지고 있다. 이 네트워크를 물류에 활용할 수 있다면 훨씬 더 효율적이지 않을까?

밤의 지하철, 물류 고속도로로

  지하철이 멈추는 밤 시간, 이 귀중한 도시 인프라를 물류 운송에 활용하면 어떨까? 낮에는 수많은 사람을 나르던 지하철이 밤에는 물류 운송 수단으로 변신하는 것이다. 이렇게 하면 물류 운송 시간을 대폭 단축할 수 있고, 도로에서 발생하는 물류 차량의 혼잡도 줄일 수 있다. 지하철 네트워크를 이용해 도심 내 물류 흐름을 더욱 빠르고 효율적으로 관리할 수 있어, 기업들의 물류비용 절감에도 큰 도움이 될 것이다. 특히 지하철 적자가 심한 지방도시는 전향적으로 검토할 필요가 있다.

  이미 있는 선로에 조금만 시설을 보완하고, 지하철역을 물류 집하장으로 활용하는 것이다. 이렇게 하면 도로에서 발생하는 물류 차량의 혼잡도 줄일 수 있고, 보다 효율적으로 물류를 관리할 수 있을 것이다. 여기에 인공지능과 로봇 기술을 더하면, 큰 돈 들이지 않고도 최첨단 물류 네트워크를 만들 수 있을 것이다. 인공지능은 물류의 흐름을 최적화하고, 로봇은 물건을 자동으로 나르며 밤의 지하철을 최첨단 물류 고속도로로 바꿀 수 있다. 이 아이디어는 단순히 비용을 줄이는 것을 넘어, 도시 전체의 물류 효율성을 획기적으로 높일 수 있는 잠재력을 가지고 있다.

도시의 미래를 여는 새로운 가능성, 지하철 적자의 탈출구?

이런 변화는 적자에 시달리는 지하철 운영에도 도움이 되고, 도시의 경쟁력도 높일 수 있다. 지하철 운영의 적자는 많은 도시가 겪고 있는 문제이다. 운영 적자의 주요 원인은 승객수요와 요금체계에 기인한다. 특히 출퇴근 시간대 이외에는 승객 수가 적어 운영 비용을 충당하기 어려운 상황이다. 또한 유지 보수 비용과 에너지 비용도 지속적으로 증가하고 있어, 이러한 적자를 더욱 심화시키고 있다. 승객 수요가 충분하지 않은 시간대에도 지하철을 운행해야 하는 부담은 운영 적자를 심화시킨다.

통상 지하철은 밤 운영이 종료되면 곧이어 안전 점검 및 보수작업이 진행되기 때문에 쉽지는 않을 것이다. 하지만 지하철 운행 종료 후 새벽에 운행을 개시하기 전까지 안전 점검을 선제적으로 해결하고, 물류 고속도로로 활용할 수 있는 여지를 찾아야 한다. 불가능을 전제로 소극적으로 대응할 것이 아니라 적극적으로 해법을 찾을 필요가 있다. 철저한 기술 검토와 체계적인 도시 관리 계획만 잘 세운다면, 이러한 문제들도 충분히 해결할 수 있을 것이다. 무엇보다 도시의 인프라를 다방면으로 활용하는 것은 지속 가능한 도시 발전을 위해 필수적이다.

기존의 SOC 등 공적 자원을 최대한 활용하여 효율을 극대화하는 것이야말로 진정한 도시의 경쟁력을 높이는 길이다. 그렇게 된다면, 우리 도시의 밤은 더 생산적이고 활기차게 변할 수 있다. 지하철은 더 이상 단순한 대중교통수단이 아니라 물류까지 처리하는 혁신의 아이콘으로 재탄생할 수 있길 바란다.

6. 격리된 섬이 된 학교, 열린 공간으로 거듭나야

닫힌 사회와 열린 사회, 닫힌 학교와 열린 학교! 어디로 가야 하나?

방과 후 텅 빈 학교, 왜일까? : 관료주의와 할거주의

우리나라에서도 교육에 많은 투자가 이뤄지고 있다. 국가 예산의 약 15%가 교육에 쓰이고, 공무원의 약 35%가 교육과 관련된 일을 한다. 하지만 방과 후나 주말이 되면 대부분의 학교는 텅 비어 있고, 마치 도시 한가운데 격리된 섬처럼 느껴지곤 한다.

이런 현상이 생기는 이유는 무엇일까? 가장 큰 이유는 관료주의적 제도와 책임 소재의 문제다. 이용을 위한 복잡한 행정 절차와 사고 발생 시 책임을 명확히 규정하지 않은 제도로 인해 관계자들이 부담을 느끼고 있다. 학교에서 만약 사고라도 발생하면, 모든 책임을 학교와 관계자들이 지게 된다. 이러한 구조에서는 학교 관계자들이 시설 개방을 당연히 부담스럽게 느낀다. 시설물 관리 및 사고에 대한 걱정은 모든 학교 관계자가 시설을 최대한 폐쇄적으로 운영하게 만드는 원인이 된다. 기관이기주의와 할거주의가 똬리를 틀게 된다.

 안전 문제뿐만 아니라 관리 비용과 유지 보수에 대한 부담도 큰 문제다. 학교 시설을 개방하면 관리에 드는 비용과 인력도 필요하게 된다. 이러한 부담을 학교가 단독으로 감당하기 어려운 상황이다. 결국 학교 시설을 폐쇄적으로 운용하게 되는데, 이는 학교가 지역 사회와 단절된 결과를 낳고 있다.

학교 풍경, 호주와 뉴질랜드의 열린 모델
 필자는 생활체육 프로젝트를 진행하면서 호주와 뉴질랜드를 다녀왔다. 그곳에서 본 풍경은 무척 인상적이었다. 학교가 끝난 오후나 공휴일이면 운동장과 체육관이 지역 주민들로 가득 찬다. 생활체육 동호회 회원들은 농구를 즐기고, 학부모들은 취미 모임을 하며, 아이들은 자유롭게 놀이터처럼 학교 시설을 이용하고 있었다. 그 모습은 참으로 활기차고 따뜻했다.

 뉴질랜드의 학교 운동장은 단순히 학생들만의 공간이 아니라, 지역 사회 전체의 공유 공간이었다. 어른들은 운동을 통해 건강을 챙기고, 학부모들은 다양한 취미활동 모임을 통하여 서로 교류했다. 아이들은 친구들과 어울려 뛰어놀면서 자연스럽게 사회성을 키워나갔다. 이러한 풍경은 학교와 지역 사회가 얼마나 밀접하게 연결될 수 있는지를 보여주는 좋은 풍경이었다.

학교를 열어 지역 사회와 함께, 책임과 관리의 분담과 협업

하지만 해결책이 없는 것은 아니다. 학교를 지역 커뮤니티와 함께 이용하고, 책임도 나누면 된다. 일례로 학교 울타리를 허물어 거리공원처럼 만들고, 운동시설을 지역 주민들과 함께 관리하면 어떨까? 예를 들어, 주민들이 주기적으로 청소 및 유지 보수 활동에 참여하고, 지역 사회에서 자발적으로 안전 순찰을 하는 시스템을 도입하는 것이다. 지역 커뮤니티가 시설 관리와 관련된 자금을 모으는 펀딩 프로그램을 운영해 관리 비용을 분담하는 방법도 고려할 수 있다. 그렇게 되면 학교는 더 이상 폐쇄된 공간이 아니라 모두가 함께 사용하는 열린 공간이 될 수 있다. 이와 함께 시설물 관리와 안전을 위한 새로운 일자리도 창출할 수 있고, 자원봉사들의 할 일도 늘어날 것이다.

학교 울타리를 허문다는 것은 단순히 물리적인 변화에 그치지 않는다. 이는 지역 사회와의 경계를 허물고, 학교를 모두가 공유할 수 있는 공간으로 탈바꿈시키는 의미가 있다. 예를 들어, 적극적으로 운동장을 개방하여 지역 주민들이 사용할 수 있도록 허용하고, 체육관에서는 다양한 생활체육 프로그램을 운영하는 것이다. 이렇게 되면 학교는 단순히 학생들의 학습 공간일 뿐만 아니라 지역 주민들의 건강과 여가활동을 촉진하는 커뮤니티의 중심지가 될 수 있다.

학교 시설 개방을 통해 지역 주민들 간의 소통도 자연스럽게 늘어나게 된다. 학교에서 열리는 다양한 행사에 지역 주민들이 참여하고, 학부모들이 주축이 되어 지역 사회와 함께 다양한 프로그램을 기획하고 운영한다면, 학교는 지역 사회의 중심 허브로 거듭날 수 있다. 이 과정에서 자연스럽게 지역 주민들과 학교가 협력하고, 서로에 대한 이해와 신뢰가 쌓이게 된다.

잠자는 학교를 깨우자, 지역 커뮤니티의 중심으로

지금의 학교 관리 체계를 학부모위원회나 지역 커뮤니티와 나누면, 잠들어 있는 학교가 깨어날 수 있다. 학교 시설을 개방하고, 지역 주민과 협력하여 관리하는 체계로 변화시킨다면, 학교는 더 이상 고립된 섬이 아니라 지역 사회의 중심이 될 수 있다. 예를 들어, 덴마크의 많은 학교는 방과 후와 주말에 지역 주민에게 개방되어 체육관, 도서관, 컴퓨터 실습실, 공연 공간, 그리고 운동장을 모두가 활용하는 사례가 있다.

학교들은 성인 교육, 보육, 문화 행사, 노인 그룹 활동 등 다양한 목적으로 사용되며, 공공 도서관과의 연계를 통해 학생들과 주민들이 도서관 서비스를 함께 이용하는 모델을 운영하고 있다. 이러한 성공적인 사례는 지역 사회의 유대감을 높이고, 학교가 단순한 교육 공간을 넘어 지역 사회의 중심으로 자리잡을 수 있음을 보여준다. 이제는 관과 민, 지역 사회가 힘을 모아 우리 동네 학교를 열린 공간으로 만들어갈 때다. 우리 아이들에게는 더 나은 교육 환경을, 지역 주민들에게는 더 풍요로운 생활 공간을 선물할 수 있지 않겠는가.

학교는 지역 사회의 중요한 자원이다. 이 자원을 어떻게 활용하느냐에 따라 지역 사회의 질도 달라질 수 있다. 아이들은 학교에서 더 많은 경험을 할 수 있고, 지역 주민들은 함께 성장할 수 있는 공간을 얻게 된다. 이러한 변화는 단순히 공간의 활용을 넘어서, 지역사회의 유대감을 강화하고 공동체 의식을 키우는 중요한 역할을 할 것이다.

잠자고 있는 우리 동네 학교를 깨워보자. 아이들에게는 더 많은 웃음과 경험을, 어른들에게는 함께할 수 있는 소중한 공간을 만들어주자. 학교가 열린다면, 그 안에서 아이들도, 어른들도 함께 성장하며 더욱 따뜻한 지역 사회를 만들어갈 수 있을 것이다. 더 이상 학교가 기관 이기주의와 할거주의가 지배하는 고립된 섬이 아니라 지역 주민을 위한 공공재로서의 위상을 유감없이 발휘하도록 해야 하지 않겠는가!

제 2 부

도시에서 함께 사는 법을 배우다

제 2 부
도시에서 함께 사는 법을 배우다

1 / 포근한 도시사회가 되려면

링컨과 탈무드의 대화법, 1 : 2의 법칙
약국이 도시 사랑방이 되어서야
풍요속의 빈곤 : 아픈 복지, 그 치유는 어떻게?
두 얼굴인 공功과 과過, 우리의 시선은 어디로?

2 / '**차가운 도시사랑**'과 '**따뜻한 농촌사랑**', 원시遠視사랑과 근시近視사랑

사랑의 두 가지 시선, '차도사'와 '따농사'
찰리 채플린의 인생관, 원시遠視사랑과 근시近視사랑
도시의 '차도사'
도시에서도 '따농사'처럼

3 / 흙수저라 천만다행

무수저 인생도!
50년 만의 재회
끝내 찾지 못한 가족, 그래도 희망
18세, 잔혹한 홀로서기
흙수저라도 거듭 날 수 있도록

4 / '우리'의 심리학 : 마법인가, 악마인가?

    습관적 언어, '우리 신랑 & 우리 마누라'
    한국의 독특한 '우리주의' 문화
    양날의 검이 된 '우리'
    모두를 위한 '우리'로

5 / 달라지는 생활방식과 도시의 풍경

    혼자서도 행복해?
    결혼 적령기? 이제 그런 건 없다
    두 가지 다른 동창회 풍경 : 도시는 원형사회, 농촌은 세모사회

6 / 세대 간 이해의 창, MZ세대와의 소통 경험

    우연한 만남, 아이돌 팬클럽 행사
    숨겨진 열정, 브레이브걸스와 '피어레스'
    팬들이 만드는 K-Culture
    어느 팬과의 대화
    세대의 경계를 넘어서

제2부
도시에서 함께 사는 법을 배우다

1. 포근한 도시사회가 될려면

링컨과 탈무드의 대화법, 1 : 2의 법칙

> 따뜻한 사회, 건강한 관계를 지탱하는 동력은? 만나면 또 만나고 싶고 한 수 더 배우고 싶은 욕구가 분출해야!

　1863년 1월 1일 노예해방선언을 한 미국의 16대 대통령인 에이브러햄 링컨은 소통과 설득을 바탕으로 하는 리더십의 명수였다. 링컨은 대화할 때 상대방의 얘기에 2/3, 본인 얘기는 1/3 만큼 시간을 나누어 상대방을 우선 배려했다. 요즈음 이야기하는 공감 능력이 탁월하였다는 의미이기도 하다.
　정년은퇴가 아니라을 맞이하고부터 부쩍 옛날 친구들과 만날 일이 잦아졌다. 만나서 지나온 얘기를 나누다 보면 시간 가는 줄 모르기 십상이다. 그런데 대부분이 얘기를 듣기보다 얘기하기를 좋아한다. 지난날의 무용담에 이야기가 끊어지질 않는다. 다음에 만나도 이와 비슷한 상황이 이어진다. 그렇다고 오랜만에 만난 친구인데 내색하기도 곤란하다. 이런 친구들과는 만남을 지속적으로 이어가기가 쉽지 않다. 만날수록 피곤해지기 때문이다.

진정 만나고 싶은 친구란 만나면 만날수록 피곤함이 엄습하기보다는 행복감이 충만해져야 한다. 말하기보다는 듣기에, 레코드판과 같이 반복적인 얘기보다는 새로움과 신선함이, 지나온 얘기보다는 앞으로 다가올 이야기에 대화의 꽃이 피어나야 한다.

지속적으로 만남을 이어가고 교류하고 싶다면 바로 대화의 '일 대 이1:2'의 법칙이 바탕이 되어야 한다. 자기 이야기를 하기보다는 듣는데 우선적으로 충실하여야 한다는 것이다. 자기의 이야기 비중에는 '1'을, 상대방에게는 '2'의 비중을 배려하는 것이다. 일종의 '1 : 2 법칙'인 셈이다. 여기에다 지나온 일을 반추하기보다는 다가올 미래에 관한 이야기가 더해지면 대화는 한층 풍요로워지고 다음 만남이 기대될 것이다. 신이 인간에게 두 개의 귀와 한 개의 입을 주신 까닭은 말하는 것보다 두 배로 들어라는 메시지이다. 탈무드의 얘기다.

약국이 도시 사랑방이 되어서야

> 얼마나 사랑방이 그리우면, 약국이 사랑방이 되려 하는가?

• 추억 속의 사랑방

어릴 적 시골집에 손님이 오면 사랑방이 손님 모시는 공간이며 이야기꽃을 피우는 공간이기도 하였다. 어린 마음에 손님들과 어른들 얘기에 안 듣는 척하면서 귀를 쫑긋한 기억이 새롭다. 사랑방이 주는 묘한 정감의 공간 냄새라고나 할까.

집에 사랑방이 있다면 시골 동네는 마을회관이 마을의 사랑방인 셈이다. 시간이 날 때마다 동네 주민들은 마을사랑방에 모여 건강이나 농사짓는 얘기며, 도시로 출가한 자식 자랑 얘기 등으로 꽃을 피우는 공간이기도 하다. 그곳에서 마을의 온갖 이야기가 피어나고, 사람들의 정이 흐르는 쉼터였다.

할머니와 할아버지들이 모여 옛날이야기를 나누던 곳, 우리 아이들은 그 주위에 옹기종기 모여 귀를 쫑긋 세우고 눈을 반짝이며 이야기에 빠져들곤 했다. 누군가는 흥미진진한 이야기에 놀라 입을 벌리고, 또 누군가는 살짝 미소를 지으며 할머니의 표정을 따라 하려 애쓰기도 했다. 그곳에서는 단순히 이야기가 아니라, 마을의 정과 따뜻함이 흘렀다. 따스한 아랫목에

몸을 녹이며, 호롱불 아래 책을 읽던 기억이 아직도 선명하다.

 그 시절 사랑방은 단순한 방이 아니라, 마을공동체의 중심이었다. 마을 사람들의 일상이 교차하고, 서로의 고민과 기쁨을 나누는 소통의 장소였다. 사랑방의 풍경은 언제나 정겨웠다. 누군가는 막 지은 떡을 가져와 나누었고, 또 다른 누군가는 농사일의 어려움을 털어놓았다. 그 안에는 서로를 이해하고 보듬으려는 마음이 가득했다. 그 시절 사람들의 정은 마을사랑방이라는 작은 공간에서 시작되어 마을 전체로 퍼져나갔다.

- **약국, 도시의 작은 쉼터가 되다**

 도시의 삶은 너무 바쁘다. 이웃과 마주칠 시간도, 진솔하게 이야기 나눌 여유도 점점 줄어들고 있다. 아파트의 문은 단단히 닫히고, 사람들은 자신의 공간에만 갇혀 지낸다. 엘리베이터에서 가끔 마주치는 이웃과도 눈인사마저 외면하는 삶이다. 베란다 너머로 들리는 소음, 윗집의 발자국 소리조차 갈등의 씨앗으로 자리하는 그런 삶이다. 하지만 이런 현대 도시에서도 따뜻함을 발견할 수 있는 곳이 있다.

 경기도 K시에서 약국을 하던 지인의 약국을 자주 드나들면서 약국이 도시의 사랑방 역할을 한다는 사실을 접하면서 마음이 짠하였다. 스쳐 가는 이야기를 접하면서 궁금하여 가끔 어떤 애기들인지 간간이 물어보기도 하였다. 애기인 즉, 동네 손님들이 약국에 와서 건강 애기로 시작해서 가족사, 자녀 애기, 부부 애기, 이웃들 간 애기 등 이야기보따리를 풀어내면서 지칠 줄 모르게 애기를 이어간단다. 약을 사러 온 김에 자녀의 고민을 털어놓는 어머니, 건강 관리 팁을 묻는 젊은 직장인, 이웃 간의 안부를 묻는 따뜻한 대화까지, 이곳에서는 다양한 삶의 이야기가 피어났다. 도시에서는 시골과 같은 사랑방이 없으니 부득이 약국이 일부나마 사랑방 역할을 하는 모양이다.

대개의 이야기 순서는 건강 애기로 시작하여 자랑으로 이어지다가 자연스레 부부, 자녀, 가족, 손자들 간 갈등 애기로 전개되어 간단다. 처음에는 주로 자랑 애기에 치우치다가 점차 친밀도가 높아지면 갈등 애기가 많아진단다. 자랑 애기보다는 갈등 애기에 대한 비중이 상대적으로 높은 편이란다. 인생이 고해의 바다이기 때문일까? 도시는 화려하고 바쁜 만큼, 그 속에서 사람들은 외로움을 느낀다. 이런 도시 생활 속에서 약국이 누군가에게 작은 쉼터가 되어준다는 사실은 큰 위로일 수 있다.

특히 기억에 남는 한 할머니 애기다. 어느 날 그녀는 약국에 들어와 "요즘 건망증이 심해져서 걱정이야. 자식들한테는 잔소리 들을까 봐 말도 못 하겠네…."라며 한숨을 쉬셨다. 그때 지인은 할머니의 손을 꼭 잡으며 말했다. "괜찮아요. 나이가 들면 누구나 그럴 수 있어요. 언제든지 편하게 오셔서 이야기 나누세요." 할머니는 그 말에 안도하는 듯 미소를 지으셨다. 그 장면을 보며 약국이 단순한 약을 파는 공간이 아니라, 마음의 상처를 어루만지는 곳이 될 수 있다는 사실을 깨달았다.

• 도시 속 새로운 사랑방

사랑방! 소리만 들어도 정감이 스멀스멀 다가온다. 요즈음 온통 온라인 세상으로 실시간 서로 간 소통이 쉼 없이 이루어지고 있다. 그래도 여전히 오프라인으로 약국에서라도 인생사를 토해 내듯이, 도시 어느 곳 인가에 이런 것을 품을 공간과 터전을 마련해야 하지 않겠는가! 사랑방은 단순히 물리적인 공간을 넘어선다. 그곳은 어린 시절의 추억과 현대 도시인의 외로움을 모두 담을 수 있는 시간과 공간의 연결점이리라.

마을의 사랑방에서 나누던 따뜻한 밥 한 끼처럼, 오늘날의 사랑방은 도시 생활에서 지친 일상을 함께 나누는 작은 공감과 위로로 가득 찰 수 있다. 그것은 사람과 사람을 이어주는 매개체다. 우리가 힘을 모아 도시 곳곳에 사랑방 같은 공간을 만든다면, 도시 생활은 지금보다 훨씬 따뜻하고 살기 좋은 곳이 될 것이다.

요즈음 도시에서는 한 집 건너 한집으로 카페가 성업 중이다. 왜 카페가 많이 생겨날까? 약국에서 토해내는 것으로는 부족하니 카페 같은 공간이 생겨난 것이 아닐까. 도시의 현대판 사랑방, 이제는 약국뿐만 아니라 작은 카페, 도서관, 공원, 주민센터 등에서 시골의 정겨움이 넘쳐나는 사랑방 같은 공간을 만들어 일상에 지친 도시인을 보듬어야 하지 않겠는가! 대도시에서는 재건축이나 재개발이 활발하다. 이때 기부채납 등을 통해 공용공간을 확보하고, 시골의 사랑방 못지 않은 훈기가 나고 정감이 넘치는 도시 사랑방을 만들어야 하지 않겠는가.

풍요속의 빈곤 : 아픈 복지, 그 치유는 어떻게?

> 서로 곤궁할 땐 양극화를 몰랐다. 사는 것이 나아지기 시작하니 양극화란 놈(?)이 등장하기 시작하였다. 이제 이놈은 사회갈등의 주범이다. 심화하는 양극화 문제를 극복하는 지혜가 절실한데 -

경제가 성장하고 발전하면서 물질적 풍요는 예전과 비교할 수 없을 정도로 나아졌다. 하지만 총량적으로 풍요로워지기는 하였지만, 상대적 빈곤감, 소득의 양극화와 사회 계층화는 심화되었고, 국가경제력에 걸맞지 않게 행복 지수와 소득 불평등 지수지니계수는 악화되었다. 그래서 풍요속의 빈곤, 행복 속의 불행, 개개인은 행복한 듯하지만, 공동체는 그렇지 않은 듯한 상황으로 치닫고 있다.

매일 아침 뉴스를 접할 때마다 빈곤과 연관되는 불행한 사고가 마음을 불편하게 한다. 이웃의 불행에 무관심한 도시적 삶, 이를테면 송파 세 모녀 자살사건, 수원 부녀 자살사건, 임종한 지 수개월이나 방치되고 있는 고독사 등이 지속적으로 발생하고 있는 현실이다. 비록 사회는 한층 풍요로워졌지만 안타까운 사고는 지속적으로 발생하고 있다.

나만의 행복만 추구할 것이 아니라 내 이웃도 더불어 행복할 수 있다면 우리의 공동체는 더욱 행복한 공동체가 되지 않을까. 소외당하고 어려움에 부닥친 이웃을 보듬으면서 함께 하는 공동체가 되도록 해야 하지 않겠는가.

그럼 어디서, 무엇부터 해야할까? 우선 일선 주민들과 접촉 빈도가 높은 검침원전기, 가스, 수도 등, 요구르트 배달원, 택배나 우편 배달업무에 종사하는 사람들과 주민센터동사무소 등 행정기관이 협업시스템을 제도화하자. 각종 공과금 고지서의 수령 여부를 확인할 수 있게 하면 고독사 같은 불행한 사태의 발생을 미리 방지하는 데 큰 도움이 될 것이다. 검침원이나 배달원 등으로 부터 더 적극적인 협조를 구하기 위해서는 온누리상품권 등을 활용하여 인센티브를 제공하는 것도 생각할 수 있다. 그렇게 된다면 훨씬 더 복지 사각지대를 줄이는데 순기능적으로 작용할 것이다. 이들과 주민센터 등 공공기관과 협업, 협치 시스템을 통해 행정비용도 줄이고 서비스의 질을 한층 높일수 있을 것이다. 네트워크 사회에서의 거버넌스함께 다스림 시스템이 점차 중요해지는 까닭이다.

 "복지 파파라치"를 도입하는 것도 한 방안이다. 이웃에 대한 무관심이 복지 사각지대 발생의 한 축이다. 이웃에 관한 관심을 가지고 복지 사각지대에 놓인 이들을 적극 찾아서 불행의 발생을 예방하는 것이다. 흔히 파파라치 하면 부정적인 인식이 지배적이다. 하지만 착한 파파라치도 있다. 우리가 모두 '복지 파파라치'가 되어 복지 사각지대 발생의 징조가 보이면 시청이나 구청, 주민복지센터로 알려 불행한 사태의 발생을 미리 예방할 수 있도록 적극적인 대책을 강구하는 것이다. 예산의 범위내에서 신고 1건당 "복지 파파라치"에게 일정 수당을 지급하거나 복비포인트를 적립할 수 있도록 지원하면 훨씬 능동적이고 촘촘한 복지 그물망網이 구축되어 복지 사각지대를 줄이게 될 것이다.

 양극화는 행복한 도시공동체 건설을 위한 장애물이다. 이웃이 따뜻하고 건강해야 나도 더불어 한층 행복해지리라. 복지 사각지대를 찾아 따뜻한 등불을 밝히고 우리가 모두 복지 파파라치가 된다면 도시공동체는 한층 건강한 공동체로 거듭날 것이다.

두 얼굴인 공功과 과過, 우리의 시선은 어디로?

> 과연 무결점의 인간은 존재할까. 허물이 있는 것과 허물을 보는 것. 상대방이 행복하고 나도 행복한 건전한 공동체가 되는 길은 없는가?

인간은 사회적 동물이다. 사회적 동물이다 보니 더불어 살아가야 한다. 만나고 교류하고 헤어지기를 반복한다. 만남은 대화로 이어진다. 대화의 유형에는 여러 형태가 있지만 그중에서도 칭찬과 허물은 대화의 큰 줄기 중의 하나이리라.

칭찬과 허물은 크게 현상과 사람에 대한 것으로 나뉜다. 현상에 대한 허물은 비판적 시각이 지배적이고 단점 들추기이리라. 비판의 긍정적인 측면은 그것이 발전을 위한 디딤돌이기 때문이다. 그럼, 사람에 대해서는 어떠할까? 우리는 칭찬하기 좋아할까, 허물 들추기 좋아할까? 사람은 누구나 장점이 있는 반면에 단점도 있다. 두 얼굴을 가진 셈이다. 통상 칭찬에 인색하다. 지인이나 친구들과 얘기를 나누다 보면 나도 모르게 허물 들추기에 신이 난 듯 대화를 이어간다. 친구들과 틈새가 벌어지는 바탕이 되는 셈이다.

우리 국민은 칭찬에 유달리 인색한 게 아닐는지. 친구들이나 지인들을 만나서 이야기를 나누다 보면 어느 순간 주제가 정치

애기로 전환되는 경우가 다반사이다. 정치인에 관한 애기는 역대 대통령 애기로 이어지기 일쑤인데, 역대 대통령에 대한 칭찬보다는 비판에 올인하곤 한다.

역대 대통령들에 대한 허물을 들추다 보면 공功은 사라지고 과過만 보이기 마련이다. 그런데 역대 대통령들이 잘못투성이인데 어찌 한국은 세계무대에서 유례없는 성공한 국가로 평가받고 있는가. 허물만 들추다 보니 대통령과 정치인에 대한 불신으로 진화해 온 것이 아닌지?

어떤 사람이라 하더라도 다소 부족한 측면이 있는가하면 좋고, 긍정적인 측면도 있기 마련이다. 긍정적인 측면은 애써 외면하고 미흡한 부분을 들추다 보니 악마화되기 십상이다. 역대 대통령에 대한 평가도 과過보다는 공功을 부각하는 것이 바람직한 평가가 아닐는지. 공이 있었기에 전쟁의 폐허 위에서도 만난萬難을 극복하고 세계에서 가장 빠르게 선진국 진입이라는 아름다운 꽃을 피워낸 것이 아닐까.

이제 존중과 배려를 통해 지혜롭고, 유익한 만남과 대화를 해보면 어떨까. 단점을 지적하고 허물 들추기에 몰입하기보다는 칭찬하고 긍정적인 모습을 찾기에 열중하자. 미래를 보고 국민이 바라는 밝은 정치를 구현해 보자. 그러다 보면 너와 나, 우리가 모두 즐겁고 행복한 사회가 만들어지지 않겠는가!

2. '차가운 도시사랑'과 '따뜻한 농촌사랑', 원시遠視사랑과 근시近視사랑

> 공간에서 체감하는 사랑의 맛은? 멀리서 보는 사랑과 가까이서 보는 사랑, 도시사랑과 농촌사랑, 모두 애틋한 사랑일 텐데? '차도사'와 '따농사', 행복한 사랑의 모습으로 -

사랑의 두 가지 시선, '차가운 도시사랑차도사'과 '따뜻한 농촌사랑따농사'

사랑의 유형도 가지가지. 여기서 필자는 공간의 특성에서 나타나는 도시사랑과 농촌사랑, 원시遠視사랑과 근시近視사랑에 관해서 얘기해 보고자 한다. 원시遠視사랑은 멀리서 보거나 간헐적으로 마주하는 사랑이다. 이에 반하여 근시近視사랑은 가까이서 보거나 늘 마주하는 사랑이다.

도시에서의 일상은 수많은 사람과 부딪히고 교류하지만 깊은 교감이 오가기보다는 이해관계에 매몰되고 의례적인 만남이 지배적이다. 반면에 농촌의 일상에서 오가며 만나는 사람의 수는 적을지라도 만남의 빈도와 깊이는 상대적으로 높다. 정감이 오가는 만남이 주류이다. 도시사랑이 원시사랑에 가깝다면 농촌사랑은 근시사랑에 가깝지 않을까.

현대 도시인들은 참 아이러니한 삶을 산다. 마주치는 얼굴은 많지만, 눈을 마주치며 미소 짓는 사람은 드물다. 고층 빌딩 숲 사이로 길을 걸으며 누군가와 어깨를 스칠 때조차 얼굴을 붉히며 마음은 텅 빈 듯한 공허함을 느낀다. 스마트폰 화면 속에선 수백 명과 연결되어 있지만, 가면을 쓴 듯한 익명성에 정작 누군가에게 마음을 열어보는 일은 더 힘들어졌다. 수많은 사람 속에서 살아가지만 때로는 무척 외롭고, 첨단 통신 기술로 늘 연결되어 있지만 진정 마음을 터놓고 소통하기란 점점 더 어려워진다. 일종의 '차가운 도시사랑차도사'이랄까. 이런 게 도시속에서의 만남과 사랑이 아닐는지?

  도시에서 아파트 문을 나서며 마주하는 이웃은 농촌과는 분명 다르다. 시골에서 대문을 나서며 마주하는 이웃은 미소를 머금은 체 서로 체온을 나누며 안부를 주고받는, 일종의 '따뜻하고 포근한 농촌사랑따농사'이리라. 시골에서는 사랑방特히 마을회관이 농촌 사랑을 꽃피우는 진원지지만, 도시란 공간에서는 딱히 그런 공간을 찾기가 쉽지 않다.

찰리 채플린의 인생관, 원시遠視사랑과 근시近視사랑

  찰리 채플린은 "인생은 멀리서 보면 희극이지만, 가까이서 보면 비극이다"라고 했다. 멀리서 보이는 삶은 그저 한 편의 영화 같다. 행복한 웃음과 아름다운 장면만 보일 뿐이다. 사람의 인생사, 원거리에서 비치는 윤곽을 보면 그럴싸하고 매력이 넘쳐 보이리라. 하지만 가까이서 구체적이고 자세히 들여다보면 멀리서 실루엣만 보이던 모습과는 사뭇 다른 모습에 놀랄 일이 많아진다. 사랑도 마찬가지이리라.

근시사랑은 가까이서 교감하는 사랑이며 마주하는 빈도가 잦은 사랑이다. 근시사랑은 결혼을 매개로 정점에 이른다. 24시간, 1년 내내, 평생을 함께해야 하는 사랑이기 때문이리라. 이를테면 원시사랑은 젊은 청춘남녀가 각자 다른 환경에서 자라 사랑에 빠지고 연애 감정이 출렁일 때의 사랑이리라. 데이트를 즐기다 헤어지기가 아쉬워 상대방 집 앞까지도 배웅한다. 집으로 돌아와 멀리서 보니 더욱 연애 감정이 점증하고 아름답고 좋은 모습만 뇌리를 지배한다.

이런 감정이 쌓이고 폭발하여 결혼에 골인하게 된다. 의학적으로 뇌 신경세포로부터 도파민의 분비로 인한 불꽃 같은 사랑은 20대가 절정기라고 한다. 떨어져 있다가 함께하면 아쉬움이 줄어들고 나이가 들수록 도파민은 줄어든다니 불꽃 같은 사랑의 유효기간도 줄어들 수밖에.

결혼을 기점으로 멀리서 보는 사랑이 가까이서 보는 사랑, 근시近視사랑으로 바뀌게 된다. 가까이서 24시간을 매일 함께 생활하다 보니 멀리서 볼 때는 잘 안 보이던 것이 하나, 둘 보이기 시작한다. 늘 아름답고 좋은 모습뿐만 아니라 거슬리고 좋지 않은 모습도 나타나기 시작한다. 결혼을 통한 근시사랑은 새로운 시련을 가져온다. 데이트 동안 원시사랑을 통해 진하게 남아있던 아름다운 사랑의 모습은 조금씩 변화하기 시작한다. 그래서 찰리 채플린은 가까이서 본 인생은 비극이라 했겠지.

결혼 초반에는 배우자의 작은 생활 습관에 놀라는 일이 많아진다. 양말을 벗어두는 방식, 화장실의 소품과 이용하는 양태, 설거지를 미루는 버릇 같은 사소한 일 등. 이 모든 것이 함께 사는 근시사랑으로 바뀌는 순간 '거슬림'이 되어버리기도 한다. 이런 사소한 것들을 지나치게 신경 쓰지 않고, 대신 함께 나누는 따뜻한 차 한 잔이나 소소한 일상을 즐기며 대화를 나누면서 관계는 조금씩 균형을 찾아간다.

가까이서 함께 부딪히고 적응하는 과정에서 근시사랑은 깊어지고 꽃이 피어난다. 사랑은 결혼이라는 선택을 통해 원시사랑에서 근시사랑으로 변모한다. 진정한 사랑은 멀리서 보는 사랑, 원시遠視사랑과 더불어 근시近視사랑이 어우러져 꽃 피울 때 진정 행복한 사랑으로 이어지리라! 이런 사랑은 멀리서도, 가까이서도 비극이 아닌 희극이리라. 이는 **소**소한 일상에서 **즐**거움을 찾으면서 **인**생을 만끽하는 것이다. 이른바 '**소즐인**'으로!

도시의 '차도사 차가운 도시사랑'

저녁이면 불빛이 켜진 아파트의 창문들을 바라본 적이 있는가? 수많은 창문은 마치 작은 TV 화면처럼 각자의 일상을 비추고 있다. 상자 안에서 어떤 사랑이 흐르고 있는지 가늠하기가 쉽지 않다. 상자와 상자, 상자 밖 사랑은 차갑다고나 할까차도사. 멀리서 보면 모든 가정은 조용하고 행복해 보인다. 따뜻한 불빛과 웃음소리가 흘러나올 것 같지만, 그 안에 담긴 이야기는 보이지 않는다. 마치 농촌시골사랑은 이웃끼리 다소나마 원거리에서도 따뜻하고 대략 측정이 가능하지만따농사: 따뜻한 농촌사랑도시사랑은 비교적 근거리에서도 측정하기가 어렵다.

도시의 아파트는 벽 하나를 사이에 두고 살지만, 서로를 모르는 이웃들처럼 지내는 경우가 다반사이다. 도시에서는 어쩌면 함께 사는 가족 사이에서도 종종 벽 같은 감정이 생기기도 한다. 서로의 습관과 결점이 적나라하게 드러나면서 각자 방문을 닫고 애써 외면하게 되는 것들. 이것이 도시 생활이 우리에게 가져다준 관계와 사랑의 현실이 아닐는지.

도시의 삶은 빠르게 흐른다. 아침에 집을 나서며 엘리베이터 안에서조차 무덤덤하게 마주하는 이웃, 출퇴근 시간에 지하철은 숨 가쁘게 움직이고, 사람들은 옆좌석에 앉은 사람조차 애써 외면한 채 스마트폰 화면을 보며 목적지를 향해 나아간다. 거리의 사람들은 모두 제각기 바쁘게 흩어지고, 때로는 같은 공간에 있으면서도 서로를 의식하지 않는다. 어떤 커플은 카페에서 나란히 앉아 있지만 각자의 스마트폰 화면을 바라보며 시간을 보낸다. 이런 풍경 속에서 우리는 서로에게서 멀어지기도 하고, 가까워지기도 한다.

현대 도시인은 이웃과의 단절과 무덤덤함, 직장 동료와의 의례적인 소통, 만나는 사람은 많을지라도 정감이 오가기보다는 이해관계에 매몰된 일상이 도시의 삶을 지탱한다. 도시의 사랑, 서로의 불완전함을 받아들이되 지나치게 침범하지 않는 것, 멀리서의 아름다움과 가까이서의 현실을 함께 품는 균형, 이것이 도시라는 복잡한 공간에서 우리가 찾아야 할 관계의 기술이며 사랑이리라.

도시에서도 '따농사따뜻한 농촌사랑'처럼

도시에서의 사랑이란 도시란 공간에서 함께 살아가면서도 서로 공감대를 넓혀가는 것이다. 도시의 복잡함 속에서도 우리가 마주한 작은 순간들을 통해 사랑을 익혀 나가야 한다. 엘리베이터 속에서 서로 마주하는 환한 미소, 이웃과 함께 나누는 소소하고 따뜻한 얘기들, 따뜻한 커피 한 잔을 나누며 도시의 일상과 소통할 수 있다면 한층 도시사랑은 풍요로우리라. 아파트 아랫집과 윗집이 따뜻한 차와 특별한 음식을 나눠 먹기도 하고 정감을 나누는데 층간 소음으로 살인까지 이를 수 있겠는가?

도시에서 살아가는 우리의 행복은 관계 속에 있다. 너무 멀지도, 너무 가깝지도 않게 서로의 존재를 인정하고 이해하는 것, 작은 일상에서 감사와 소소한 행복을 찾는 것, 도시의 창문 너머로 보이는 수많은 풍경처럼 우리의 삶도 무수한 관계속에 있다. 완벽하지 않지만 도시에서 함께 있기에 따뜻하고, 서로에게 적절한 공간과 시간을 허용하면서도, 진심과 정감을 나누는 순간들이 많아지고, 지속적인 관계를 이어가고픈 것이야야말로 도시에서 찾아야 할 진정한 사랑이 아닐까?

　농촌시골사랑은 정情과 나눔, 배려와 소통, 환한 미소가 지배하는 사랑이리라. 농촌은 1차 산업이 지배적이며 공간의 특성상 비교적 동반성장이 가능한 사회이기 때문일 것이다. 반면에 살아남기 위해 발버둥 쳐야 하는 도시사랑은 경쟁이 치열하고 낙오자가 발생하며 이에 따라 격차가 심화하는 사회이다. 무관심, 단절, 의례적인 형식성, 이기심이 지배하는 도시사랑의 한계를 극복할 수 있다면 도시사랑도 원시사랑과 근시사랑이 조화롭게 꽃을 피우지 않겠는가.

　본질적으로 인간 개개인의 본성은 대동소이하다. 농촌이란 공간에서 펼쳐지는 따뜻하고 포근한 사랑이 도시란 공간에서도 펼쳐지지 말라는 법도 없다. 아니 어쩌면 모든 도시인은 그런 사랑을 간구懇求하고 있지 않을까. 만약 도시에서도 시골에서와 같은 사랑이 꽃필 수 있다면 도시인들의 삶은 한층 윤택해지지 않겠는가! 오늘 아침 나부터 출근하면서 마주하는 엘리베이터 속에서, 이웃하는 주민들과 악수로 따뜻한 체온을 전하며 사랑의 미소를 전해보자!

3. 흙수저라 천만다행

> 금수저와 흙수저 논쟁, 무슨 한가한 논쟁인가, 아예 수저조차 없는 경우도 있는데!

무수저 인생도!

요즘 SNS나 뉴스에서 간간이 마주하는 수저 논쟁, 바로 '금수저'와 '흙수저' 대한 이야기다. 부모의 경제력에 따라 아이들의 미래가 결정된다는 의미로 자주 쓰이는 말이다. 하지만 우리 주변에는 수저조차 가져본 적 없는 '무수저' 아이들이 있다. 부모를 모르거나 생이별한 '꿈을 키우는 집'과거에는 고아원이나 보육원으로 불림 아이들의 이야기다. 흙수저라도 부모가 있다는 건 얼마나 큰 축복일까. 최소한 의지할 곳이 있고, 내 뿌리가 어디인지 알 수 있으니 말이다.

1960~1970년대만 하더라도 우리 주변 곳곳에서 쉽게 볼 수 있었던 보육원. 당시엔 고아원이라 불렸고, 지금은 '꿈을 키우는 집'이란 예쁜 이름으로 바뀌었다. 이름은 바뀌었지만 그 안에 사는 아이들의 현실은 크게 달라지지 않은 듯하다.

 초등학교 때 우리반에도 보육원 친구가 두 명 있었는데, 유독 싸움깡다구을 잘했다. 그 이유는 아마도 자신을 지키기 위해 어릴 적부터 터득한 살아남기 위한 생존 본능 때문이었을 것이다. 주변 환경 속에서 자신을 보호하려는 강한 의지가 몸에 배어 있었던 것 같다. 홀로 세상과 맞서 싸워야 했던 어린 영혼들의 자구책이었다고나 할까. 그때는 몰랐던 그들의 아픔이 이제야 가슴 깊이 와 닿는다.

50년 만의 재회

 시골 출신이라 연말이면 초등학교 친구들과 식사를 가끔 한다. 서울에서 열린 초등학교 동창 모임. 친구들은 저마다 나이를 잊은 채 반갑게 인사를 나누고 추억 소환에 여념이 없었다. 그날 나는 보육원 출신 친구를 50여 년 만에 만났다. 처음엔 걱정했다. 얼마나 힘든 삶을 살았을까 싶어서. 하지만 의외였다. 밝은 미소와 긍정적인 기운이 넘쳤다. 일산 우리 집에서 밤새도록 나눈 이야기는 한 편의 드라마 같았다.

 그는 서울로 올라와 버스 기사가 되었다. 글이 짧아 다른 직장을 구하기 힘들었단다. 하지만 포기하지 않고 열심히 살았고, 이제는 버스회사 정년 후의 제2의 인생을 준비 중이다. 개인택시 기사가 되는 게 그의 꿈이란다. 최근에 다시 만났는데 그 친구는 이미 버스회사를 정년하고 개인택시를 열심히 하고 있다. 불평 한마디 없이 자신의 삶을 꿋꿋이 개척해 온 그의 모습에서, 진정한 강인함이 무엇인지 느낄 수 있었다.

끝내 찾지 못한 가족, 그래도 희망

수십 년간 부모를 찾기 위해 안 해본 노력이 없었다고 했다. 방송국에 편지를 보내고, 보육원 기록을 샅샅이 뒤지며, 친척이나 가족일 가능성이 있는 사람들에게도 직접 연락도 하고 수소문을 했다. 이 과정에서 수많은 좌절과 실망을 겪었지만, 그는 포기하지 않았다. KBS '아침마당'에도 출연했다. 하지만 허사였다.

그런데도 좌절하지 않았다. 대신 자신의 처지를 이해하여 주시는 사람을 만나 단란한 가정을 이루었다. 평범한 일상, 그게 그에겐 가장 큰 행복이었다. 찾지 못한 형님 생각에 가끔 마음 아파하지만, 이제는 담담히 받아들이는 듯했다. 얼마나 한이 맺혔으면 이름도 바꾸고, 성마저 바꾸었단다. 어쩌면 그의 부모님과 형님은 이미 고인이 되었을지도 모른다고 했다. 그 말을 하는 그의 눈가에 맺힌 그리움이 오래도록 잊히지 않는다.

18세, 잔혹한 홀로서기

S연구원에서 책임자로 일하면서 매년 연말이면 진행하는 불우이웃돕기. 연구원 가족들에게 올해는 불우이웃돕기를 어떻게 해야 할지 의견을 모아 달라고 부탁하였다. 직원들은 두 가지 대안을 갖고 왔다. 하나는 복지관 방문이고, 다른 하나는 연구원 가까이에 있는 '꿈을 키우는 집보육원' 방문이었다. 복지관에는 여타기관들이 관심을 많이 가지니 필자는 망설임 없이 보육원을 선택하였다. 초등학교 때의 잔영이 남아있었기 때문인지도 모른다. 연구원 지근거리에 있는 보육원을 찾았다사진 11 참조. 구성원들이 십시일반으로 모은 정성과 위로금을 들고, 행정실의 팀장님과 박사님 한 분과 함께 방문했다.

보육원에서 만난 어린이들의 눈가에서 하나 같이 무언가 그리워하는 듯한 눈망울은 마음을 무겁게 하였다. 보육원 원장님과 차를 마시며 담소하면서 나눈 대화는 충격적이었다. 특히 만 18세가 되어 보육원을 떠나야 하는 아이들 이야기는 가슴을 먹먹하게 했다. 원장님의 표정에서 부모님과 같은 애틋함이 느껴졌다. 18년 동안 키워온 아이들을 홀로 세상에 내보내야 하는 그 마음이 어떨까.

어느날 아침 신문기사중앙일보, 2023.3.20를 보니 가슴이 더 아팠다. 2019년부터 2021년까지 20여 명의 보육원 출신 청년들

〈사진 11〉 꿈을 키우는 집(보육원) 방문

이 스스로 목숨을 끊었다고 한다. 매년 3,000명 이상의 보호 대상 아동들이 만 18세가 되어 '자립 준비 청년'이 된다.

그들이 받는 건 고작 사회정착금 500~1,500만 원, 그리고 5년간 매월 40만 원의 자산 형성 지원금이 전부다. 마치 사막 한가운데 홀로 내팽개쳐지는 것과 다름없다. 대학에 진학한 학생들은 더욱 막막하다. 학업과 생계를 동시에 꾸려가야 하는 현실 속에서, 그들은 또다시 홀로 싸워야 한다.

흙수저라도 거듭 날 수 있도록

무수저로 살아 온 인생, 계속 내버려 둘 것인가. 이제는 달라져야 한다. 먼저, 만 18세라는 나이 제한을 좀 더 유연하게 적용해야 한다. 특히 대학생의 경우, 학업을 마칠 때까지 추가적인 지원이 필요하다. 이들도 사회의 자원으로 활용해야 되지 않겠는가.

더불어 자립 준비 청년들을 위한 사회적 플랫폼을 만들어야 한다. 도움을 줄 수 있는 가정이나 사람들과 연계하는 매칭 프로그램도 필요하다. 멘토링, 취업 지원, 주거 지원 등 다양한 형태의 도움이 가능할 것이다. 공적 기관 설립이 어렵다면, 민간 차원의 지원 네트워크라도 구축해야 한다.

18년 동안 보듬어 온 아이들을 하루아침에 전쟁터 같은 현실로 내몰아서는 안 된다. 그들이 더 이상 자살이나 극단적인 선택으로 생을 포기하지 않도록, 우리 사회가 따뜻한 손길을 내밀어야 할 때다.

수저조차 없이 자란 그들에게 이제라도 우리가 함께 손을 내밀어야 하지 않겠는가. 그것이 바로 우리 사회가 해야 할 일이다. 무수저 청년들이 우리 사회의 건강한 구성원으로 성장할 수 있도록 제도적 기반을 강화하고, 우리 모두 그들의 버팀목이 되어주었으면 하는 바람이다.

4. '우리'의 심리학 : 마법인가, 악마인가?

> 한 사회의 응축된 가치는 언어로 표현되기 마련. 무의식중에 던지는 내 말 한마디에도 우리의 사회상이 고스란히 드러난다. 곱씹어 보면 절대로 사용될 수 없는 언어임에도 불구하고!

습관적 언어, '우리 신랑 & 우리 마누라'

요즘 카페에서 보내는 시간이 많아지다 보니 자연스레 사람들의 대화를 엿듣게 된다. 중년의 남녀들이 자주 쓰는 표현이 있는데, 바로 '우리 신랑', '우리 마누라'라는 말이다. 일부다처제 시대도 아닌데 왜 굳이 '우리'라는 말을 붙여 쓰는 걸까? 마누라와 신랑이 우리끼리는 공유할 수 있는 존재라도 되는 걸까? 이는 전통적으로 가족을 공동체로 여기며, 이를 언어로 표현하는 한국 사회의 문화적 특성과 연관되어 있으리라. 과거 농경 사회에서는 가족과 마을이 긴밀히 협력하며 생활했는데, 이러한 정서가 현대에도 언어에 남아있는 듯하다.

한국인들은 일상 대화에서 '우리'를 자주 사용한다. '우리 집', '우리 동네', '우리 회사'처럼 말이다. 심지어 혼자 사는 원룸도 '우리 집'이라고 부르고, 개인이 운영하는 가게도 '우리 가게'라고 한다. 이처럼 무심코 내뱉는 이 말 한마디가 우리 사회의 특별한 모습을 보여주고 있다. '우리'라는 언어가 한국 사회를 지탱하는 바탕은 아닐까?

한국의 독특한 '우리주의' 문화

미국문화의 특성은 한마디로 개인주의個人主義, 즉 개인의 존재가치가 극도로 존중되는 사회이다. 반면 이웃 나라 일본은 개인보다는 집단의 가치가 우선시되는 집단주의集團主義 문화가 지배적이다. 그러면 대한민국의 문화적 특징은 무엇인가? 한국에서는 모든 것이 '우리'로 통한다. 진실이건 아니건 '우리'에게 유리하면 옳고 그름을 초월하여 '우리끼리'로 통한다. 미국의 개인주의 문화도 아니며 일본의 집단주의 문화도 아닌 "우리주의主義" 문화이다. 여기에서 '우리'라는 의미가 함축하고 있는 의미는 미국에서와 같이 개체가 존중되는 개인의 범위보다는 확대되고 그렇다고 일본과 같이 집단의 규모보다는 축소적인, 이를테면 개인과 집단 사이의 중 범위에 해당한다.

'우리주의'는 한국만의 독특한 문화 현상을 만들어냈다. 이를테면 '카카오톡 단체방'이다. 초등학교 반 모임부터 시작해서 중·고등학교 동창회, 대학 동기 모임, 직장 동료 모임, 동호회 모임 등 헤아릴 수 없이 많은 단체방이 있다. 한 사람당 적어도 5개 이상의 단체방을 가진 게 보통이다. 여기에 지역 향우회, 종친회까지 더하면 그 수는 더욱 늘어난다.

양날의 검이 된 '우리'

우리끼리의 '우리주의' 문화는 양면성을 가진다. IMF 외환위기 때 '금 모으기 운동'이나 코로나19 대유행 시기의 '마스크 나누기', '착한 임대인 운동' 등은 우리끼리 문화가 만들어낸 긍정적인 예다. 어려울 때 서로 돕고 희생을 감수하면서 위기를 극복하는 저력을 보여줬다.

하지만 부정적인 면도 있다. 채용 과정에서 나타나는 '학연·지연 채용'이나 정치권의 '지역 할거주의'가 대표적이다. 최근에는 헌법기관인 중앙선거관리위원회에서 상상을 초월하는 친인척 채용비리, 부동산 단체대화방에서 시세를 조작하거나, 주식 투자 단체방에서 특정 종목을 띄우는 등 '우리끼리'만의 이익을 추구하는 모습도 등장하고 있다. 공공기관인 중앙선거관리위원회가 헌법기관임을 빙자하여 가족회사처럼 운용해온 것이 감사원의 감사결과로 밝혀졌다. 선거관리위원회는 한가족인데 우리끼리 도와주고 밀어주는 관행이 무엇이 잘못인가 하는 항변에는 어안이 벙벙하다.

특히 회사 문화에서도 이런 모습이 자주 나타난다. 예를 들어, 같은 지역 출신들이 모여 '향우회'라는 이름으로 네트워크를 형성하거나, 특정 학교 출신들끼리 비공식적으로 중요한 정보를 공유하는 사례 등이다. 이러한 그룹은 구성원 간의 결속력을 강화하지만, 동시에 비 구성원들에게 배타적이고 불공정한 환경을 조성할 위험이 있다. 같은 대학 출신끼리, 같은 지역 출신끼리 모여 밥을 먹고 정보를 공유하면서 자연스럽게 형성되는 '그들만의 리그'는 조직 문화를 해치는 주요 원인이 되기도 한다.

모두를 위한 '우리'로

최근 들어 이런 '우리끼리' 문화는 온라인에서 더욱 강화되는 경향을 보인다. 인터넷 동호회나 SNS에서 비슷한 생각을 하는 사람들끼리 모여 '우리끼리'만의 의견에 동조하고, 다른 의견은 배척하는 '확증편향' 현상이 심해지고 있다. 예를 들어, 특정 정치적 이슈에 대해 편향된 정보를 공유하며 반대 의견을 공격하는 온라인 커뮤니티 사례가 있다. 한 연구에 따르면, 이러한 확증편향은 알고리즘이 제공하는 맞춤형 콘텐츠에 의해 더욱 강화된다고 한다. 이는 사회적 갈등을 심화시키고, 다양한 의견 수용을 어렵게 만든다.

일례로 2022년 대선 때는 20대 남성과 여성의 투표 성향이 크게 갈렸고, 세대별로도 투표 성향이 확연히 달랐다. 각자의 집단에서는 자신들의 선택이 옳다고 믿었지만, 다른 집단의 의견은 이해하려 하지 않았다. 이처럼 '우리끼리'만의 생각에 갇히면 사회 통합은 점점 더 어려워질 수밖에 없다.

건전한 사회는 구성원 모두의 건전한 상식이 통하는 사회다. '우리'라 하더라도 진실과 옳고 그름에 기반한 '우리'라야 한다. 특정집단에 귀속적인 '우리끼리'만이 아닌 '모두를 위한 우리', '공동체를 위한 우리'로 나아가기 위해서는 우리만의 아집을 벗어나야 한다. 다른 생각을 하는 사람들과도 대화하고 이해하려 노력하는 자세가 필요하다. 이를테면 카카오톡 단체방에서 시작된 대화가 다른 생각을 하는 사람들을 포용하고 진실에 기반한 소통으로 이어질 때, 우리 사회는 한 걸음 더 성숙한 사회로 나아갈 수 있다. 아무리 '우리'가 좋더라도 '내신랑'이 되어야지, '우리끼리'는 공유가 가능한 '우리신랑'이 되어서야 하겠는가!

5. 달라지는 생활방식과 도시의 풍경

혼자서도 행복해?

> K 지자체에서 자문회의를 하다가 자료를 보니 인근 Y 동은 70%가 단독세대란다. 왜일까?

- 달라지는 도시 생활 풍경, 청춘들은 왜 혼자 사는가?

우리 도시의 모습이 조용히, 하지만 뚜렷하게 변하고 있다. 한때 가족 단위의 외출로 북적이던 공원들이 이제는 개인 산책이나 조깅을 즐기는 사람들로 채워지고, 동네 상점가에서는

1인 가구를 겨냥한 소형 포장 음식점과 맞춤형 편의점들이 빠르게 늘어나고 있다. 한때 '정상 가족'이라 불리던 4인 가구의 모습은 이제 점차 희미해지고, 대신 혼자 사는 사람들의 발자국 소리가 도시 곳곳에서 더욱 선명하게 들린다. 이것은 단순한 변화가 아닌, 우리 사회의 근본적인 변화를 보여주는 하나의 징표다.

홀로 사는 청춘들은 왜 증가하나? 첫째로 취업난이다. 좁아지는 취업 문호는 청년들의 독립을 지연시키고 있다. 정부의 노동정책이 주52시간제 등 경직적인 제도와 기존 근로자 보호에 치중하면서, 새로운 일자리 창출은 오히려 위축되는 아이러니한 상황이 벌어졌다.

둘째, 취업의 달라진 양상과 긴 취업 준비 기간이다. 과거에는 졸업과 동시에 취업하는 것이 보편적 현상이었다. 대학 졸업에 맞추어 기업은 동시다발적으로 대규모로 취업시장을 개방하였다. 그러던 것이 이제는 소규모 수시 채용으로 전환되었다. 이제 취업시장이 좁아지고 점차 취업이 어려워지면서 자연스럽게 혼자만의 시간과 공간이 필요해졌다. 스터디룸과 고시원이 늘어나는 것도 이런 맥락이다.

셋째, 세대 간 갈등이다. 부모 세대와 자녀 세대의 가치관 차이는 점점 더 벌어지고 있다. 부모 세대는 안정적인 직장과 결혼을 중요한 삶의 목표로 삼는 경향이다. 반면에 자녀 세대는 개인의 행복과 자아실현을 우선시하는 모습을 보인다. 이러한 차이는 자녀들이 전통적인 가족 형태나 직장 안정성을 필수로 여기지 않게 만들며, 때로는 갈등의 원인이 되기도 한다. 많은 청년이 독립을 선택하는 것은 이런 갈등을 피하고 자신만의 생활방식을 추구하는 경향이다.

• 70%가 혼자 산다, Y 동의 충격적인 진실

통계청에 따르면, 2023년 기준으로 전국 가구의 약 35.5%인 782만 9천 가구가 1인 가구로 집계되었다. 이는 1인 가구가 점점 주요한 사회적 구성요소로 자리 잡고 있음을 보여준다. 기성세대로서는 쉬이 이해가 되지 않는 현상이다.

서울의 어느 동네, Y 동의 사례는 우리 도시의 변화를 적나라하게 보여준다. 전체 가구의 70%가 1인 가구라는 놀라운 통계는 더 이상 '정상가족'만을 기준으로 하는 도시정책이나 도시계획이 유효하지 않다는 것을 말해준다. 젊은이들이 혼자 살게 된 배경에는 복잡한 사회적 요인들이 얽혀있다.

• 변화하는 도시, 준비는?

Y동의 사례는 도시가 끊임없이 변화하고 진화한다는 것을 보여준다. 최근 정부의 주택정책이 혼란을 겪은 근본적인 이유 중 하나는 바로 이런 사회 변화를 제대로 읽지 못했기 때문이

다. 특히 1인 가구의 급증이라는 현상을 제대로 파악하지 못한 것이 큰 문제였다.

공공 주택 공급은 더 작은 평형의 주거 공간에 집중해야 하며, 도시 내 커뮤니티 센터와 같은 시설도 1인 가구의 사회적 고립을 줄일 수 있도록 설계될 필요가 있다. 이제는 1인 가구가 필요로 하는 것을 제대로 파악하고, 그들을 위한 맞춤형 정책과 서비스를 개발해야 할 때다. 좋은 도시정책이란 이러한 변화를 신속하고 예민하게 감지하고, 시대의 흐름에 맞는 해결책을 제시하는 것이다.

결혼 적령기? 이제 그런 건 없다

불과 몇십 년 전만 해도 서른이 넘어 결혼하지 않은 사람을 향한 시선은 따가웠다. '노총각', '노처녀'라는 말이 무색하지 않던 시절이었다. 하지만 지금은 어떤가? 서른 살 결혼은 오히려 이른 감이 있고, 마흔이 되어도 결혼하지 않은 것을 특별히 이상하게 여기지도 않는다. 이는 단순한 결혼 시기의 변화가 아닌, 우리 사회의 가치관과 생활방식이 근본적으로 변화하고 있음을 보여준다.

청춘은 여전히 아프다. 하지만 그 아픔의 모양이 달라졌다. '아프니까 청춘이다'라는 김난도 교수의 말이 젊은이들의 마음을 강하게 울린 적이 있다. 그만큼 청춘의 고민과 아픔을 정확하게 짚어냈기 때문일 것이다. 하지만 시대가 변하면서 청춘들이 느끼는 고통의 형태도 달라지고 있다. 과거의 청춘이 사회적 관습과 기대에 부응해야 한다는 압박에 시달렸다면, 오늘날의 청춘은 불확실한 미래 앞에서 홀로 서야 하는 부담과 시련이리라.

시대가 바뀌면 환경도, 여건도 바뀌기 마련이다. 기성세대는 시대의 흐름을 이해하고 젊은 청춘들의 고민에 대한 공감대를 높여 나가야 한다. 한마디 말이 천냥빚을 갚듯이 청춘들의 마음을 헤아리는 자세와 태도를 가져야 한다.

두 가지 다른 동창회 풍경 : 도시는 원형사회, 농촌은 세모사회

> 도시에 살다보니 모임이 잦다. 그중에서도 학교 동창회 모임은 필수적이다. 그런데 그런 동창회 모임이 도시와 농촌에 따라 양상이 사뭇 다르다. 왜 그럴까?

인생은 출생과 더불어 배움이 함께한다. 배움의 시작은 부모님으로부터 시작해 제도권 배움으로 이어진다. 요즈음은 어린이집, 유치원 등 배움의 통로가 매우 다양하지만, 필자 또래들은 대부분이 학교란 울타리가 중심이었다. 초등학교-중학교-고등학교로 이어지는 배움터였다.

시골에서 서울에 있는 대학에 입학하니 입학하자마자 첫 번째로 눈에 띄는 것이 출신고등학교 동문 모임 현수막이었다. 대학 새내기이다 보니 동문 모임에 가서 동문 선배들로부터 온갖 정보를 얻기 마련이다. 대학 생활의 출발점이라고나 할까.

서울이 생활근거지가 되어 동창회를 접하면서 이런저런 생각이 떠올랐다. 그중의 하나가 서울에서 멀리 떨어질수록 동창회의 활성화가 높아지는 듯하다. 서울에서 먼 지방일수록, 시골일수록 동창회의 결속력과 끈끈함은 높아진다. 일종의 서울로부터의 거리비례의 원칙이랄까.

한국 사회는 유별나게 끼리끼리 문화가 발달한 사회이다. 이 문화의 핵심에는 지역을 기반으로 하는 동문이나 동창 모임이 자리하고 있다. 대학을 졸업하고 직장생활을 하면서, 사회생활을 하면서도 동창 모임은 지속적으로 이어진다. 필자도 서울에 와 살면서 자연스레 동창 모임이 잦아진다. 초등-중학교-고등학교-대학교로 이어지는 모임으로 귀가 시간이 늦어지기 마련이다. 그때마다 집사람은 무슨 동창 모임이 그렇게 많으냐며 성화다.

가만히 생각해보니 서울에서 자란 집사람은 가끔 고등학교와 대학동창회 모임을 알리는 우편물이 오기는 하는데 결혼해서 동창회 간다고 나가는 것을 본 적이 거의 없다. 특히 초등학교나 중학교 동창회에 대해 얘기하는 것을 거의 듣기조차 못했다. 남편 잘못 만나서 집안일에 매몰되다 보니 동창회에 나닐 여유가 없기 때문이기도 하지만 어릴 적 도시와 시골의 학교 풍경이 다르기 때문이리라.

 동창회 얘기를 하다보니 시골 사람들과 도시 사람들의 동창회 모습이 사뭇 다르다는 사실이다. 먼저 시골출신 사람들과 비교하면 도시출신 사람들은 동창회에 대한 인식과 결속력이 미약한 편이다. 특히 도시에서는 초등학교와 중학교 동창 모임의 결속력이 상대적으로 미약한 것이 아닌가 여겨진다. 도시사회가 주는 특성 때문이리라. 시골에 비해서 도시 사람들의 이사 빈도는 매우 높다. 자가 마련이 어려워 전세나 월세 등에 사는 것도 큰 요인이지만 자산증식을 바라고 어린 자녀들의 의지와는 상관없이 이사를 다니는 어른들의 탐욕 때문이 아닐는지.
 명절마다 지방시골에 제사를 모시러 갈 때마다 소싯적 동창들을 만나기 마련이다. 어릴 적 촌놈들을 만나기만 해도 마음이 푸근해지고 온기가 돈다. 시골이 주는 마력이 아닐 수 없다. 그런데 시골 친구들을 만날 때마다 자주하는 이야기 중의 하나가 바로 친구들끼리의 계契모임에 관한 얘기다. 이런 계契모임이 한두 개가 아니고 서너 개는 기본인듯하다. 계契모임의 구성원들은 동창에 한정되지 않으며 주변 지인들이나 이해관계와 연계된 자들이 중심이라고나 할까. 계契모임은 농촌사회란 공동체의 중요한 구성요소인 모양이다.

　도시사회와 농촌사회의 이러한 특성은 무엇 때문일까? 도시는 원형사회인 데 비하여 농촌은 세모사회이기 때문이리라. 도시는 쉼 없이 이익을 좇다 보니 이익이 발생할 여지가 있으면 지속적으로 움직이며 이는 이사란 행위를 통해서 표출된다. 도시는 마치 원과 같이 조그마한 세속적인 유혹에도 움직이기 마련이고 한곳에서의 정착성은 속절없이 무너진다. 도시사회의 공동체 형성이 어려운 요인이기도 하다.

　반면에 농촌은 이익을 좇을만한 요인이 상대적으로 낮은 편이다. 어제가 오늘과 비슷하고 내일도 오늘과 진배없다. 그러니 움직여야 할 요인이 자리하기가 어렵다. 마치 삼각형세모 사회와 비슷하다. 삼각형을 움직이기 위해서는 원형보다는 엄청난 힘을 가해야만 한다. 그러니 공동체 형성이 용이하고 동질성이 지배적인 모습으로 나타날 수밖에 없는 것 같다. 마치 도시가 집시 기질에 가깝다면 농촌은 고착적인 정주의식이 강하기 마련이다.

　같은 동창회인데 도시와 농촌의 풍경이 사뭇 다르니 마음이 씁쓸하다고나 할까. 도시출신의 동창회도 시골출신 동창회와 유사한 훈기가 돌 수 있다면 도시란 공간도 사람이 사는 향기가 한층 진하게 전해지리라.

6. 세대 간 이해의 창, MZ세대와의 소통 경험

> 사회가 급속도로 변함에 따라 세대 간 이해의 틈새도 점차 확대. 초고령 사회 실버계층과 MZ세대 간 상호 이해증진은? 여기서 MZ세대의 한 단면을 살짝 엿보면 -

우연한 만남, 아이돌 팬클럽 행사

지인이 운영하는 송현동의 갤러리 카페에서 이런저런 잡글을 쓰고 카페지기를 하면서 지내다 보니 MZ세대를 많이 접하기도 한다. 이 갤러리 카페의 1층에는 커피 향이 가득한 카페가, 2층과 지하에는 다양한 전시가 열리는 갤러리 공간이 있다. 이곳은 단순한 문화 공간을 넘어 다양한 세대가 자연스럽게 어우러지는 특별한 장소로서의 역할도 하고 있다. 아이돌 팬클럽 이벤트가 열리면서, 기성세대가 쉽게 접하지 못했던 MZ세대의 문화를 가까이에서 보고 느낄 기회가 있었다. 여기서 만난 한 팬클럽 회장과 나눈 이야기다.

2021년 11월 어느 날, 브레이브걸스 팬클럽 '피어레스'의 P회장이 카페를 찾았다. 그는 2022년 7월에 열릴 막내 멤버 홍

은지의 팬클럽 행사를 위해 카페를 대관하고 싶다고 했다. 브레이브걸스라는 이름이 낯설었던 필자는 그와 이야기를 나누며 그룹에 대해 알아가기 시작했다.

브레이브걸스는 6~7년간 무명 시절을 보낸 끝에 군 위문공연을 계기로 조금씩 주목받기 시작한 그룹이었다. 데뷔 초반에는 주목받지 못해 어려운 시기를 보내야 했지만, 군부대에서의 공연 영상이 인터넷에서 화제가 되며 "역주행"이라는 말로 표현되는 독특한 성공 신화를 만들었다. 특히, 그들의 히트곡인 '롤린Rollin'은 발표 후 한참 시간이 지난 후에야 큰 인기를 얻으며 여러 차트에서 1위를 기록했다. 그들의 끈기와 노력은 팬들과 대중들에게 큰 감동을 주었다. 팬클럽 이름 '피어레스Fearless'는 부르기 좋게 '피오레스'라고도 하며 그룹 이름인 '브레이브걸스Brave Girls'와 잘 어울리는 의미를 담고 있단다. '용감한 소녀들'과 '두려움 없는 팬들', 이 조합은 그들만의 특별한 이야기를 보여주는 듯했다.

P 회장은 30대 중반의 청년으로, 브레이브걸스의 팬이 된 이유가 특별했다. 오랜 무명 시절에도 포기하지 않고 꾸준히 활동해온 그룹의 모습에서 요즘 청년들의 힘든 현실을 보았다고 했다. 자신 또한 직장을 그만두고 사회복지사 자격증을 취득하며 새로운 길을 모색하고 있었다. 그의 인생도 '피어레스'처럼 역주행 하고 싶은 강한 욕구가 내재되어 있는 듯 했다. 그의 이

야기는 단순히 팬의 열정을 넘어서 삶의 방향을 바꾼 용기와 진정성을 보여주었다.

숨겨진 열정, 브레이브걸스와 '피어레스'

행사의 운영 방식은 놀라움 그 자체였다. 팬들은 자발적으로 역할을 나누어 맡으며 체계적으로 준비를 진행했다. 행사를 위한 대관비와 장식, 행사 소품은 모두 팬들의 기획으로 이뤄졌고, 특히 팬들이 디자인한 소품들은 창의적이고 감동적이었다. 이벤트 진행을 돕기 위한 스태프들의 협력과 세심한 계획이 돋보였으며, 이 모든 과정을 통해 팬덤의 연대감과 조직력을 엿볼 수 있었다.

모든 비용은 팬들의 자발적인 후원으로 마련되었고, 약 300만 원의 예산은 투명하게 관리되었다. 후원금으로 비용이 모자라지 않느냐는 질문에, P 회장은 거의 수익-지출이 엇비슷한 구조Balance Budget라고 답했다. 만약 집행 잔액이 남으면, 온라인을 통해 기부할 곳을 선정하여 기부한다고 했다. 행사 중 소요되는 경비는 행사에 직접 동원되는 12명의 스태프의 점심이나 저녁 식대 정도만 공금으로 처리된다고 했다. 회계처리는 모두 온라인으로 공개하고, 회원들의 동의를 구하는 형식을 취했다고 한다.

팬들이 만드는 K-Culture

남은 금액을 기부한다는 계획은 팬덤 문화가 단순한 소비를 넘어선다는 것을 보여주었다. 이러한 활동은 사회적 책임을 다하려는 팬들의 의지를 반영하며, 문화적 참여가 지역 사회에 긍정적인 변화를 가져올 수 있음을 증명한다. 기부는 단순히 금액의 전달을 넘어, 팬덤이 하나의 공동체로서 사회적 가치를 창출하는 중요한 사례가 되었다. 주요 팬층은 비록 10대의 고딩고교생도 있었지만 약 90%가 30대 중·후반의 직장인 남성이었고 약 10%는 여성이었다. 기존 아이돌 팬덤 이미지와는 사뭇 다른 모습이었다. 이전의 남자 아이돌 팬클럽 행사 시에는 참여자는 대부분이 여성이었다.

아쉽게도 팬클럽 행사 기간이 브레이브걸스의 미국에서의 공연 일정과 겹쳐 직접 함께할 수는 없었으나, 온라인으로 소통하며 축하 메시지를 전해 왔다. 행사기간 동안 주말인 토요일에는 막내 멤버 은지의 부모님과 가족이 함께 참여해 생일 축하 떡을 선물하며 회원들과 함께 나누어 먹으면서 공감대를 높였다. 행사장에는 은지에게 보내는 엽서를 작성할 수 있는 엽서 카드 박스가 마련되어, 많은 참여 회원이 편지를 남겼다. 이 엽서들은 추후 은지에게 전달되었고, 은지는 온라인을 통해 답신을 보내오기도 했다. 이는 단순한 취미활동이 아니라, 자신들의 삶을 풍요롭게 만드는 문화적 선택임을 느낄 수 있었다. 이들은 자신만의 방식으로 그룹을 응원하고, 그 과정에서 자신들도 성장하는 듯한 모습을 보였다고나 할까. 이런 것이 쌓여 K-Culture를 탄생시킨 초석이 아니었을까?

어느 팬과의 대화

  이 팬클럽 행사에 참여한 회원 중 한 분과 상당히 긴 시간 동안 이야기를 나누게 되었다. 그는 충주에 거주하는 K씨로, 현재 30대 후반의 나이에 기계공학을 전공하고 전기자동차 부품 업체에서 근무하고 있었다. 이날 행사에 참여하기 위해 토요일 새벽부터 준비를 시작한 그는 자동차를 몰고 서울로 왔는데, 낯선 서울 도심의 운전에 부담을 느껴 시외버스 터미널에 차를 주차하고 지하철로 행사장에 도착했다고 했다. 아직 미혼인 그는 아이돌 그룹의 행사를 즐겨 찾으며 이를 통해 삶에 활력을 얻는다고 말했다. 그는 결혼 여부에 대해서 비혼자는 아니지만 현재의 자유로운 삶도 괜찮은데 혹시 추후 좋은 여성이 생기면 결혼할지도 모르겠단다.

  그는 회사가 지원하는 융자금 2~3억 원과 저축한 돈으로 24평 아파트를 마련하여, 방 하나에는 아이돌 관련 소장품과 자료들로 꾸몄단다. 이 방은 단순한 취미 공간을 넘어 그의 정체성과 기쁨의 원천이 되는 장소였다. K씨는 은지에게 보낼 엽서를 정성껏 작성하며 "이런 기회를 통해 직접 마음을 전할 수 있어 정말 기쁘다"라고 전했다. 그는 행사 내내 다른 팬들과 활발히 교류하며 잊지 못할 추억을 만들었다.

아파트는 원래 방 3개, 화장실 2개인데, 방 2개는 하나로 만들어서 이 방에 아이돌 사진들이나 본인의 취미활동을 위한 공간으로 사용한단다. 한동안 취미로 핸드폰을 모았는데 약 100개까지 모았단다. 지금은 50여 개는 친구 등에게 나누어주고 약 50개를 소장하고 있단다. 핸드폰 모으기 취미활동을 그만둔 이유를 묻자 비용이 많이 드는 반면에 큰 효용이 없어 그만두기로 했단다.

이어서 갖게 된 취미가 아이돌에 관심을 갖게 되었고, 지금도 아이돌 팬클럽 활동에 열심이란다. 이번 은지의 '피오레스' 팬클럽 행사에 와서도 팬클럽 행사진행 스탭들을 위해 점심을 사는 등 한턱내기도 했다. 지금 자기 꿈은 시골에 농막을 지어 자기가 좋아하는 아이돌 그룹을 위한 전용공간을 꾸미는 것이란다. 코로나19가 오기 전에는 자주 외국 여행을 하였는데 코로나 때문에 아이돌에 더욱 관심을 갖게 되었단다.

세대의 경계를 넘어서

이 모든 경험은 필자에게 새로운 시각을 열어주었다. MZ세대는 우리와 다른 가치관과 문화를 가지고 있지만, 그들의 진정성과 열정은 우리가 배울 점이 많다. 특히 투명한 운영과 자발적인 참여로 이루어진 팬덤 문화를 보며, 우리가 놓치고 있는 소통의 방식을 다시금 생각하게 되었다.

　MZ세대들의 이런 활동 모습을 가까이에서 지켜보면서 과연 이들 부모님이 이들을 얼마나 이해할 것인가가 궁금해졌다. 충주에 사는 K군도 혼자 사는 아파트에 부모님이 와 보고 싶다고 해도 못 오시게 한단다. 나만의 소중한 공간을 오롯이 누리고 싶은 욕구가 강하기 때문이란다. 카페에서 아이돌 팬클럽 행사를 마주할 때마다 집사람과 대화를 나누면 요즈음 MZ세대 아이들은 도무지 이해가 안 된다는 넋두리를 듣곤 한다. 이는 우리들 세대가 자라온 환경과 사고에서 기인하리라.

　세대 간의 이해와 소통은 쉬운 일이 아니지만, 서로를 알아가는 작은 노력에서부터 시작될 수 있다. 예를 들어, MZ세대의 관심사를 배우거나 그들의 문화적 활동에 참여하며 대화를 시작해보는 것도 방법이다. 함께 공통의 관심사를 발견하고, 이를 기반으로 대화를 이어가는 것은 세대 간의 격차를 줄이는 데 효과적일 수 있다. 각자의 다름을 인정하고 존중할 때, 우리는 더 조화로운 사회를 만들어갈 수 있을 것이다. 이제 세대가 바뀌었으니 우리들의 이해 공간을 확장하고 바꾸어야 하지 않을까. 아니 바꾸어야만 그들도 편하고 우리와의 소통도 높아지지 않겠는가. 이런 도시 생활 속 소통의 산책이야말로 각 세대가 서로를 여유롭게 이해하고 배우는 시간이 아닐까. 더불어 잘 살고 조화로운 공동체가 되기 위해서!

제 3 부

도시의 그림자를 넘어서다

제 3 부
도시의 그림자를 넘어서다

1 / 도시와 농촌, 함께 하모니를 꿈꾸다

   왜 자연인이 되는가? 도시가 주는 약藥과 독毒
   이제 도시도 농촌도 웰빙이다! '4도都 3촌村'의 길

2 / 핵가족 시대, 새로운 풍경들

   교권 침해보험에, 헬리콥터 맘까지!
   삼촌도, 이모도 사라지고 있다!

3 / 사회를 좀 먹는 양극화, 녹색댐으로 극복하자

   사회 양극화, 녹색댐이 필요하다
   평균의 함정, 공정한 듯한 불평등

4 / 공익적公益的 자본, 더 나은 사회를 위한 새로운 패러다임

   공익적 자본, 공동체의 가치를 높이는 길
   공익적 자본이 필요한 영역들
   공익적 자본의 작동을 위해서는
   한국의 공익적 자본, 어제와 오늘

제3부
도시의 그림자를 넘어서다

1. 도시와 농촌, 함께 하모니를 꿈꾸다

왜 자연인이 되는가? 도시가 주는 약藥과 독毒

> TV 프로그램 '나는 자연인이다'가 꾸준히 시청자들의 관심을 끌고 있다. 왜 그럴까?

대한민국은 어느덧 도시국가나 마찬가지이다. 이미 전 국민의 92%가 도시에 살고 있으니 부인하기 어려운 현실이다. 본디 우리나라는 1차 산업 중심의 농업국가였다. 이는 전 국민 대부분이 농촌 사람이고 촌놈이었다는 사실이다. 그런데 나도, 우리도 모르는 사이에 도시민으로 바뀌어 버렸다. 왜 도시국가로 바뀌어 버렸을까? 더 나은 삶, 행복하고 즐거운 삶을 추구하기 위한 노력의 결과물이 아닐까? 과연 오늘을 살아가는 대한민국의 도시민은 행복할까? 불현듯 스치는 의구심이다.

  돌이켜보면 필자도 본디 촌놈이었다. 도시민이 되어버린 현시점에서 나도 모르게 촌놈 시절을 되돌아보게 된다. 정년을 맞이하니 아직도 시골에서 고향을 지키는 친구들과 소통하는 빈도가 늘어가고 있다. 이들과 소통이 이어지면서 추억 속으로 빠져들고 그리움이 더해 간다고나 할까. 나이가 들어가니 회귀본능이 작동하는 것일까?

  요즈음 저녁 늦게 가끔 시청하는 TV 프로그램 중의 하나가 "나는 자연인이다"이다. 이 프로그램에 등장하는 주인공들의 공통점은 크게 2가지이다. 하나는 도시적 삶에서 오는 경쟁과 스트레스를 이기지 못해 탈출구로 자연을 택했다는 점이다. 왜 도시는 일자리를 제공하고 소득을 창출하는 진원지이기도 한데 스트레스에서 헤어나지 못하는 걸까? 여러 복합적인 요인이 있겠지만 아마 상호비교를 통한 상대적 박탈감이 크게 작용하였으리라. 도시는 우리가 모두 함께 발전하는 동반성장보다는 지나친 경쟁으로 인한 부익부 빈익빈 현상이 심화하는 격차성장이 지배하는 곳이다.

  다른 하나는 도시민으로 살다가 건강이 악화하여 최후의 수단으로 자연산속 생활을 선택했다는 사실이며, 하나 같이 모두가 최악의 건강 상태가 호전되었다는 점이다. 비록 가진 것은 보잘 것 없거나 적더라도 다른 사람과 비교할 필요가 없으며, 자연과 함께 호흡하면서 생활하니 마음이 풍요로웠기 때문이리라. 물론 긍정적인 사례를 중심으로 찾아 취재한 결과라 여겨지지만, 건강이 회복되었다는 사실을 부인하기는 어려울 것 같기도 하다.

그러면 행복을 추구하고자 하는 도시의 삶이 인간의 삶을 황폐화하고 병마를 불러들이는 원흉인가? 대한민국이 기아와 보릿고개를 벗어나게 된 원인은 무엇일까? 바로 산업화이다. 이는 도시화로 이어지고 도시의 급격한 팽창으로 나타났다. 지구촌 국가 중에서 대한민국처럼 급격한 도시화를 경험한 국가는 없다. 한국의 도시화율이 20%에서 60%로 진행되는데 걸린 시간은 30년에 불과하였다. 영국에서는 약 1세기, 프랑스와 독일 등 유럽 선진국들에서는 80여 년에 걸쳐 나타났으며, 비교적 빠른 도시화를 경험한 일본도 45년이나 걸렸다. 단숨에 산업화와 도시화를 경험하다 보니 본의 아니게 부산물도 동행한 게 아닌가.

허기지다 급히 먹는 음식이 체하기가 쉽다. 급속한 도시화가 우리도 모르는 사이에 "빨리빨리 문화"가 잉태되는 바탕이 되었으리라. 이러한 문화에 제대로 적응하기 어려운 도시민들이 남다른 스트레스와 사투를 벌이다 보니 본인도 모르는 사이에 병마가 스며들었고 인생의 위기 상황으로 몰리게 된 것이 아닐까?

어찌 보면 "도시는 병 주고 약 주는" 꼴이다. 인생의 위기에서 자연농촌으로의 강력한 회귀본능이 "나는 자연인이다"라는 프로그램으로 나타난 것이 아닐는지. 약주고 병 안주는 도시는 없을까? 쉽지는 않을 테지만 우리 모두 그런 도시를 만들어야 너와 나, 모두가 행복한 도시공동체가 되지 않겠는가. 비록 "나는 자연인이다"라는 프로그램의 인기가 시들지라도!

이제 도시도 농촌도 웰빙이다, '4도都 3촌村'의 길

> 도시도 농촌도 장점이 있다. 두 장점을 모두 누릴 수 있다면 그건 바로 행복의 길!

한국은 전통적으로 농업국가였다. 1차 산업이 바탕이었지만 빈약한 부존자원과 협소한 국토 면적에 농업으로는 먹거리도 해결하기 어려운 구조였다. 부득이 가난을 탈피하기 위해 2차 산업으로의 몸부림이 이어졌다. 다행히 2차 산업으로의 전환이 성공적이었다. 2차 산업의 성공요건은 적기적소에 필요한 인력의 확보와 공급이었다. 이는 1차 산업에 종사하는 농촌인구가 2차 산업이 있는 도시로 몰려드는 결정적인 계기가 되었다.

이른바 농업국가에서 도시국가로 탈바꿈하는 바탕이 되었다.

급격한 도시화는 국가발전의 동력이 되었다. 그러나 도시가 성장·발전하다보니 도시와 농촌이 계층화되고 격차가 심화하여 지역 불균형 문제가 국가적 이슈가 되었다. 지역 불균형 문제를 어떻게 극복할 것인가? 이는 도시와 농촌, 이분법적 시각으로는 해결하기가 어렵다. 도시와 농촌의 통합적 관점에서 접근해야 해결의 실마리를 찾을 수가 있다. 바로 도농 복합적 관점에서의 접근이다.

한국은 전국이 이미 서너 시간대의 일일생활권이 되었다. 지인이 인사동에서 카페를 하기에 가끔 들린다. 커피를 마시면서 본의 아니게 손님들의 얘기를 엿들으면 서울 손님보다 부산, 목포, 강릉 등 전국 각지에서 온 손님들이 적지 않다. 기차 시간에 늦지 않게 카페를 나서는 모습을 지켜보면서 이미 한국은 하루 생활권으로 변모하고 있음을 체감할 수 있다.

도시와 농촌, 서울과 지방 간 비록 물리적 공간은 구별될지 몰라도 생활 공간은 양자 간 구별이 쉽지 않다. 코로나19로 촉발된 라이프 스타일의 변화에 따른 재택근무의 증가, 일과 삶의 균형, 4일은 도시에서 3일은 농촌에서 삶을 즐기는 '4도都 3촌村' 등 웰빙의 가치가 점차 중요해지고 있다. 굳이 도시만을 고집하지 않고 도시와 농촌의 장점을 골고루 체험할 수 있는 도

농복합형 삶으로의 방향 전환이 나타나고 있다.

  이제 인구개념도 상주인구에서 생활인구 개념으로 전환하여 정책을 수립해야 할 때가 되었다. 이러한 관점에서 지역 불균형 문제를 극복하는 지혜를 모아야 할 시점이 된 것 같다. 이를테면 도시의 거주공간과 더불어 시골의 전원주택이나 농가주택의 마련도 가능하도록 정책이나 제도적 장치를 구축할 필요가 있다. 도시가 주는 물질적 풍요(?), 농촌이 주는 자연적 환경과 쾌적함이 함께 할 수 있다면 금상첨화가 아니겠는가.

2. 핵가족 시대, 새로운 풍경들

교권침해 보험에, 헬리콥터 맘까지!

> 대가족사회가 핵가족 시대가 되니, 학교와 직장에서 벌어지는 풍경!

  도시는 생명체며 공동체다. 도시공동체의 출발은 가족으로부터이다. 그런데 시대의 흐름에 따라 가족 구성원들도 점차 변화하고 진화한다. 1960년대만 하더라도 결혼한 부부가 평균 6명의 자녀를 두었다. 2022년 2월 23일 발표한 통계청의 '2021년 출생·사망통계' 자료에 의하면 합계출산율(가임여성 1명이 낳을 것으로 예상되는 평균 출생아의 수이 OECD 국가 중 최저로 0.81명으로 나타났다. UN의 인구통계에 의하면 합계출산율 1.0 이하는 세계에서 대한민국이 유일하다중앙일보 2022. 2. 24. 이미 주위를 돌아보면 가족이나 친인척의 범주에 많은 변화가 체감되고 있다. 이제는 한 자녀가 대세다.

도시사회에서도 가족 구성원의 변화에 따라 다양한 양상이 전개되고 있다. 일례로 스승과 제자와의 관계, 즉 과거와 같은 사제관계의 종말이다. 요즈음은 초등학교 선생님들도 수업 방해나 욕설, 폭언, 사이버 명예훼손 등으로 인해 제자들로부터의 심한 스트레스를 받아 교권침해 보험에 가입하는 사례가 급증하는 추세라고 한다중앙일보 2022. 2. 21. 왜 이런 사태에까지 이르렀을까? 과거의 다자녀에서 한 자녀로 바뀌다 보니 요즈음 부모들은 1자녀에 집중하게 되고, 선생님으로부터 싫은 소리 한 마디를 들어도 용납하지 못하는 경향을 보이는 것 같다.

이런 자녀들이 성장하여 도시공동체의 구성원이 될 날도 멀지 않았다. 이들이 도시공동체의 중추 역할을 할 즈음 도시공동체는 어떠한 모습으로 자리매김할지 자못 궁금해진다. 이미 이렇게 자란 자녀가 대학을 졸업하고 취업하였는데 자녀의 직장생활에도 부모의 관여가 이어지고 있단다. 이른바 '헬리콥터 부모'의 등장이다.

엄마가 회사에 전화하여 인사이동, 심지어 출퇴근 문제도 조정을 요구하고 관여하는 양상이 나타나고 있다. 극도의 이기주의, 자기만의 외골수, 나약함, 협력과 소통보다는 갈등과 반목이 자리할 여지가 높아지고 있다. 성인이 된 자녀의 직장생활에까지 간섭하는 '헬리콥터 맘'이 등장하는 현실을 어떻게 바라볼 것인가? 부모의 보호 울타리가 사라질 때, 성인이 된 자녀가 어떻게 홀로서기를 할 것인가? 부모는 언젠가 먼저 자녀와 이별해야 하는데 - . 자녀의 교육, 부모의 자녀관을 되짚어보고 사회적 비용을 최소화하는 방안을 마련해야 하지 않겠는가.

삼촌도, 이모도 사라지고 있다!

이제 가상의 삼촌과 이모만이 개념만으로 존재하는 사회가 -

언어란 이성과 감성의 소통창구이기도 하다. 때론 실체를 통해서 언어의 구체성이 확인되기도 한다. 삼촌이란 단어는 아버지의 형제를 지칭한다. 필자가 어릴 때는 큰아버지가 아버지 못지않은 존재였다. 모처럼 명절에 큰집에 가는 날이면 그저 신이 났다. 큰엄마는 어린 조카가 어떠한 때를 쓰건 나무라는 법이 없이 넉넉함과 포근함으로 받아주셨다.

또한 1년에 몇 번씩 들리는 이모님은 항상 기다려지는 존재였다. 오실 때마다 맛있는 선물과자 등 보따리에, 밤샐 줄 모르는 옛날얘기에 흠뻑 빠져든 아스라한 추억이 아직도 진한 잔영으로 남아있다. 필자의 뇌리에 이모님은 늘 마법사 같은 존재였다. 한 부부가 2남 2녀의 자녀를 둘 경우, 삼촌과 이모, 고모란 가족관계가 자연스레 형성된다. 요즈음은 두 자녀는 고사하고 한 자녀도 반갑다. 이는 삼촌도, 고모도, 이모도 사라진다는 의미이기도 하다.

명절이 다가오니 시끌벅적한 가족의 모습이 아른거린다. 4인 가구는 16%뿐이란다. 문득 요즈음 도시에서 자라는 아이들에게도 삼촌이며 이모도 존재하는지가 궁금해졌다. 이제 한 자녀 가정이 대세가 되어버렸다. 1자녀로 자라 또다시 1자녀 가정을 꾸리게 되면 그 아이에게는 실존의 삼촌도, 이모도, 고모도 없다. 오직 개념상으로만 존재할 뿐이다.

개념상으로만 존재하는 이모에게 실존의 이모님으로부터 경험한 애잔한 감성과 추억이 존재할 수가 있겠는가? 앞으로의 가족과 가정의 모습이 어떻게 펼쳐질지가 궁금해진다. 이 사회가 제대로 가기는 하는 건가? 2024년 세계 최저의 합계출산율 0.8을 하루빨리 탈피해야만 하는 까닭이기도하다.

3. 사회를 좀 먹는 양극화, 녹색댐으로 극복하자

사회 양극화, 녹색댐이 필요하다

> 양극화가 점차 심각해지고 있는데 - . 이를 해결해야 할 자들이 오히려 양극화를 조장!

　우리나라는 매년 여름이면 홍수와 태풍으로 홍역을 치른다. 산사태가 나고 강이 범람하여 국토가 초토화되기도 한다. 때로는 가뭄으로 인하여 식수조차 확보하기 어려워 발을 동동 구르기도 한다. 극과 극의 발생을 제어하기 위하여 계곡을 막은 다목적 댐이 만들어졌다. 홍수와 가뭄을 동시에 해결하기 위해서이다. '일타 양피'인 셈이다. 하지만 댐이 근원적으로 문제를 해결하기에는 한계가 있다. 산림녹화가 필요한 이유이다. 일종의 산림댐이며 녹색댐인 셈이다. 녹색댐이 잘 갖추어질수록 홍수와 가뭄도 동시에 적절히 제어하거나 문제의 발생을 최소화할 수 있다. 비유하자면 댐은 설사가 났을 때 설사약을 복용하는 것이라면, 녹색댐은 설사가 나지 않도록 예방하도록 하는 것이리라. 전자는 대증요법이라면 후자는 예방요법이다. 문제의 해결을 위해서 전자가 하수라면 후자는 고수인 셈이다.

양극화는 글로벌이슈이다. 지구촌에서 양극화 문제를 해결한 나라가 있는가? 단연코 없다. 과거로 거슬러 올라갈수록 양극화는 심하였다. 노예제도, 양반과 천인, 양극화 극단의 모습이 아니었을까. 혁명과 전쟁이 발생한 요인이다. 지금도 북한에서는 백두혈통과 그 주변 극히 일부 계층만이 모든 권력과 부를 독점하고 절대다수 국민은 아직도 기아 선상을 헤매고 있는 현실이 아닌가.

대한민국은 무無에서 유有를 창조한 국가다. 제2차 세계대전의 종식과 더불어 해방은 되었으나 식민시대의 수탈경제에 찌들어 나라는 피폐하기 이를 데 없었다. 게다가 1950년 6.25 전쟁으로 전 국토는 초토화되고 폐허로 변해 버렸다. 극빈의 자원과 자본, 이념 갈등으로 인해 피폐한 사회적 자본으로 나라는 파멸 일보 직전이었다.

극한의 상황에서도 포기하지 않고 할 수 있다는 신념으로 때로는 좌충우돌하기도 하고 시행착오를 겪기도 하였지만, 산업화, 정보화시대를 거치면서 선진국 대열에 합류하였다. OECD의 회원국으로서 이제는 원조받던 국가에서 원조를 주는 국가로 탈바꿈하였다. 지구촌에서 이와 같은 국가는 대한민국이 유일하다.

한동안 자본주의와 공산주의, 양대 이념이 지배하던 세계는 이제는 자본주의가 주도적으로 지배하는 지구촌이 되어가고 있다. 자본주의의 근간은 경쟁과 효율이다. 점차 산업이 과거와는 비교할 수 없을 정도로 급속도로 발달하고 산업구조가 고도화되고 있다. 산업구조가 고도화될수록 많이 가진 자와 덜 가진 자 간 소득격차가 점차 커지고 양극화현상의 심화로 나타난다. 오늘날 선진자본주의 국가들이 공통으로 안고 있는 고민은 심화하고 있는 양극화현상을 어떻게 극복할 것인가이다.

대한민국도 예외가 아니다. 어찌 보면 한국은 OECD 회원국 중에서 양극화 문제로 가장 몸살을 앓고 있는 나라가 아닌가 여겨진다. 세계에서 유례없이 단기간에 발전을 거듭해 온 것이 양극화의 씨앗이리라. 혹자는 이런 현상을 우리 국민이 지니는 기질 때문이라고도 한다. 하지만 국민의 기질 탓만 할 만큼 여유롭지 않은 것이 작금의 상황이다.

자본주의 국가에서 양극화하면 흔히 경제적 양극화를 지칭한다. 경제적 양극화는 정치적, 사회문화적, 제도적 요인과 맞닿아 있다. 어찌 보면 전자는 정치적 양극화의 산물일 수도 있다. 지금 전국에서 벌어지고 있는 윤석열 대통령에 대한 탄핵 찬반 집회로 경제위기가 심화하고 국민을 혼란 속으로 빠뜨리고 있다.

왜 이런 난국이 초래되었을까? 여러 가지 복합적인 요인이 있을 테지만 필자의 생각으로는 크게 3가지 때문으로 생각된다. 이른바 양극화 삼적三賊이다. 그 첫째는 양극단으로 치닫는 정치권이다. 늘 정치권은 양극단의 의견, 반대를 위한 반대, 상대를 쓰러뜨려야 할 적賊으로만 간주한다. 정쟁政爭이 일상화되었다. 협상과 대화를 통한 타협의 정치가 실종되었다. 그러다보니 정치권은 국민에게서 가장 불신받는 집단으로 전락하였다. 양극화의 주범인 셈이다.

둘째는 정치권의 양극화를 부추기는 미디어다. 정치권이 양극단의 주장으로 싸우는데 골몰하다 보니 각종 미디어는 마치 신이라도 난 듯 양극단의 주장을 마치 스포츠 중계라도 하듯이 전파하기에 여념이 없다. 미디어 매체는 신이 날지 모르지만 보고 듣는 국민은 마냥 볼썽사납기만 하다. 이는 미디어 기피 현상으로 치닫는 동인으로 작용하기도 한다. 좌우의 극단보다는 다수의 중간 영역이 훨씬 중요한데, 왜 양극단의 이야기만 퍼나르기에 여념이 없는지 모를 일이다. 미디어가 사회적 공기 역할을 해야 한다면 중간 지대에 있는 다수의 의견을 모으고 수렴하여 양극단을 치유할 수 있도록 정성을 쏟아야 하지 않겠는가.

셋째는 확증 편향적 현상이 심화하고 있다. 매일 눈만 뜨면 정치권과 미디어는 양극단의 뉴스나 사례를 퍼 나르고 전달하기에 여념이 없다. 그러다보니 건전한 시민들도 자신도 모르는 사이 양극의 포로가 되고 확증 편향적 사고에 빠져버리고 만다.

아무리 사실fact이라 하더라도 자기의 확증편향에 배치되면 매도해 버린다. 자기 관점에서 보고 싶은 것만 보고, 반하는 것은 애써 외면해 버린다. 사회적 재앙이 아닐 수 없다.

지금 윤석열 대통령의 탄핵 이슈로 마치 사회가 두 동강이 난 듯하다. 우연히 카페에서 두 집회에 참석한 분과 얘기를 나눌 기회가 있었다. 탄핵 찬성편 인사가 헌법재판소 탄핵 반대편 집회 부근에 있다가 자칫하면 맞아 죽을뻔 했단다. 반면에 탄핵 반대 인사는 안국동 로터리 탄핵 찬성 집회 부근에서 비슷한 경험을 했다고 토로하였다. 이 얼마나 비참한 현실인가.

그러면 해법은 없는가? 먼저 정치권에 대한 처방이다. 헌법기관이나 공익기관 위원회위원의 임명직에 대한 정치권의 추천권을 폐지하도록 한다. 대신에 정치권은 임명직 임용에 대한 비토권거부권을 갖도록 한다. 정당이 임명직에 대하여 추천권을 갖다 보니 정당에 충성도가 높은 인물 중심으로 임명된다. 이들은 철저하게 양극단을 지향하는 정당의 대변자 역할을 하기에 몰두한다. 정치권은 국민으로부터 가장 불신 받는 집단이다. 정히 정치권이 추천권을 확보하려면 최소한 국민으로부터 50% 이상의 신뢰를 확보할 때까지 한시적으로나마 제한할 필요가 있다.

이를테면 권력이나 이념의 균형추 역할을 하는 헌법기관인 대법원의 대법관, 헌법재판소 헌법재판관, 선거관리위원회 위원, 감사원의 감사위원 등이다. 이들 기관에 정당 추천제를 폐지하는 대신에 정당에게 비토권을 부여하는 것이다. 비토권은 양극단에 치우친 인물들을 제어할 수 있는 기능을 할 수 있다. 공익을 다루는 중추 기관이 정당의 이해관계에 매몰되어 운영되면 다수의 공익이 훼손될 여지가 높아지고, 사회적 갈등을 부추기며 양극화를 조장하는 역할을 하기 때문이다.

둘째, 양극화를 제어할 수 있는 미디어의 역할 강화이다. 사회적 이슈에 대한 논쟁이나 토론에 정당의 역할을 줄이고 중립적 인사를 강화하도록 한다. 예를 들면 현재 사회적 이슈에 관한 토론은 통상 여당과 야당 추천 각 2인과 사회자를 포함하여 모두 5인으로 구성되어 진행한다. 이러다 보니 방송 내내 여야 간 극단적 대리 공방만 치열하다. 1인씩은 여야정당에서 추천하더라도 공익을 대표할 수 있는 인물 2인을 포함하도록 한다. 대신에 공익을 대표하는 자에 대해서는 여야가 모두 비토할 수 있는 권능을 부여하여 편향된 자가 토론자로 참여하는 것을 억제할 수 있다. 정당에서 추천하는 1인에 대해서도 여야가 상호 비토권을 행사할 수 있게 한다면 극단적 사고를 가진 토론자를 제어하는데 효과적일 것이다. 지금까지 미디어는 이슈에 대한 논쟁이나 토론이 문제를 해결하는 데 치중하기보다는 갈등을 조장하고 심화하는 데 이바지했다. 미디어가 '사회적 공기' 역할을 해야지 '악의 축' 역할을 해서야 되겠는가!

 셋째, 확증 편향적 사고에 치우친 인사들의 공공기관이나 토론회 등의 참여를 억제하도록 한다. 정당 활동에 관여하거나 관여한 적이 있는 인사, 경도된 시민 단체활동에 종사하거나 한 적이 있는 인사 등은 건전한 토론문화 형성에 장애가 될 공산이 크다. 공익가치에 기반하고 건전한 시민정신에 충만한 인사들의 참여를 통해 바람직한 공익가치의 창출과 토론문화 형성에 기여할 수 있도록 해야 한다. 시민정신이란 공동체와 공익을 우선적 가치로 하는 정신이다. 이런 정신을 가진 분들이 중추적인 역할을 해야 사회적 공기가 한층 맑아질 수 있다.

 현재의 우리 상황은 홍수가 났는데 한쪽에서는 가뭄대책을 쏟아내고, 가물어 난리인데 다른 한쪽은 홍수대책으로 일관하는 모습이다. 좌와 우, 양극단의 의견에 몰입하기보다는 다수 중립지대의 의견을 적극적으로 수렴하는 것이 필요하다. 사회가 건강하고 튼튼해지려면 중산층이 두껍고 이들이 사회의 중추 역할을 해야 한다. 언제까지 '끼리끼리'만 통하는 데 열중하고 '우리 모두'는 애써 외면하는 모습을 보여야 하겠는가? 언제까지 확증 편향적 사고(思考)를 조장하고 양극단으로 치닫고 있는 현상을 보고만 있을 것인가? 이제 우리가 모두 되돌아보고 이 사회가 올바른 방향으로 나아가도록 정성을 쏟아야 하지 않겠는가! 양자를 모두 어우르는 녹색댐이 필요한 까닭이다.

평균의 함정, 공정한 듯한 불평등

> 평균이 만능인가? 양극화 문제가 심각한 사회적 이슈로 부각하고 있는데
> -. 부익부 빈익빈을 조장하는 평균, 이젠 재고할 필요도 있지 않겠는가?

2022년 물가상승률이 5%에 육박하는 상황이다. 이런 상황에서 기획재정부가 2023년도 공무원 보수인상률을 1%대로 묶는 방안을 검토하자 공무원노조가 크게 반발하는 듯하다. 특히 문재인 정부 5년 동안 공무원증가 수약 13만 명가 노무현, 이명박, 박근혜 세 정부의 공무원증가 수약 5만 4천 명보다 2.4배나 높아 정부의 재정 부담이 가중되는 모양이다.

대년도 공무원 봉급 1% 인상 시, 9급 1호봉의 기본급은 168만 원으로 여기에 식대 등을 포함해도 최저임금 언저리에 머무는 수준이다시간당 최저임금 9,160원 적용 시 월 최저임금은 191만 4,440원. 매년 연말이면 어느 조직이든 이듬해의 보수인상률에 초미의 관심을 가지기 마련이다. 보수 인상의 기준은 바로 평균이다. 평균의 보수인상률에 함정이 도사리고 있다.

보수의 평균 인상률은 부익부 빈익빈 현상을 심화시키고 조

장하는 토대가 되고 있다. 이를테면 공무원 9급 1호봉은 1% 보수가 인상되어도 월 최저임금 언저리를 맴돌고 있다. 반면 최근 고위공무원들의 보수는 웬만하면 억대 연봉에 근접하거나 초월하는 경우도 적지 않다고 한다. 만약 내년 공무원 보수가 1% 오른다면 9급 공무원월 200만 원 기준은 2만 원 오른 데 비하여 약 1천만 원에 가까운 공무원은 월 10만 원 올라 5배의 차이가 난다. 같은 1%로 평등한 것 같지만 실제로는 부익부 빈익빈 현상을 초래하는 것이다. 양극화현상이 심화하는 요즈음 공공부문부터 먼저 솔선수범해야 하지 않겠는가. 하후상박이나 아니면 일정액을 상향하면서 부분적으로 하후상박 방법을 적용하는 등 다양한 방안을 검토해야 하지 않겠는가.

공무원 봉급 하면 떠오르는 추억이 있다. 기본급구조와 중식보조비, 교통비 지원 등 각종 수당의 이원화된 구조이다. 필자가 공무원이 된 첫 봉급일이 20일이었는데, 매월 1일이면 수당이 지급된다. 수당 받는 재미가 제법 쏠쏠하였다. 처음 한동안은 수당 받는 것을 집사람에게 비밀로 하고 나만의 비자금인 양 활용하기도 한 경험이 있다. 그런데 공무원이 박봉인 시절 공무원 사기를 높이기 위해 각종 수당이 신설되고 이원화된 구조로 된 것이 아직도 그대로 운용되고 있다. 이제는 단일화된 구조로 통합하여 보수의 명료성과 투명성을 높일 때가 되지 않았는가. 더불어 공무원 봉급 인상이 평균이 지닌 함정으로 인하여 부익부 빈익빈 현상을 초래하지 않도록 개선할 필요가 있다.

4. 공익적公益的 자본, 더 나은 사회를 위한 새로운 패러다임

공익적 자본, 공동체의 가치를 높이는 길

> 자본도 가지가지. 경제적 의미의 자본, 사회간접자본, 사회적 자본, 드디어 공익적 자본도 -

자본주의의 본질은 자본Capital이다. 모두 자본을 모으고 축적하는데 온 생을 보낸다. 자본은 삶을 영위하는데 필수 불가결한 존재이기 때문이다. 자본이 삶을 영위하는데 필수요소이듯이 행복한 공동체를 위해서도 필요한 자본이 있다. 바로 사회간접자본SOC: Social Overhead Capital이다. 흔히 사회기반시설이라고 하는데, 도로, 철도, 항만 등이 여기에 해당한다. 최근에는 신뢰, 소통, 네트워크, 공유된 제도 등을 통하여 구성원 간 협력을 용이하게 하는 사회적 자본Social Capital도 각광을 받고 있다. 사회적 자본은 건전한 사회, 좋은 공동체를 위한 토양이다.

국가의 경쟁력은 정부의 경쟁력, 공공부문의 경쟁력과 직결된다. 공공부문이 경쟁력을 가지기 위해서는 공익公益적 자본 Social Capital of Public Interest이 건강하고 튼튼해야 한다. 공익적 자본이란 일종의 공익을 위한 사회적 자본으로, 더 나은 사회를 위한 동력이 될 수 있다. 공익적 자본이라는 용어는 아마도 필자가 처음으로 사용하는 것 같아 그것의 의의와 특징을 살펴 보고자 한다.

자본주의는 자유로운 시장에서의 경쟁을 통해 자본을 모으고 축적해 나가면서 발전을 도모한다. 자본은 민간 시장경제를 뒷받침하는 동력이며 활력소이다. 자유시장경제가 활성화되려면 자유로운 경쟁이 보장되고 사회의 신뢰수준이 높아야 한다. 민주국가에서는 경제적 의미의 자본 못지않게 사회적 자본Social Capital도 중요하다.

후쿠야마 교수의 트러스트Trust론에 의하면 '정부의 경쟁력은 그 사회가 지닌 신뢰수준에 의해 결정되며, 신뢰 없는 사회는 경쟁력이 없다'라고 하였다. 이른바 사회적 자본Social Capital론이다. 사회적 자본에 대한 이해는 학자마다 다소 차이가 있지만 그 요체는 신뢰, 네트워크, 규범, 참여, 제도, 자발적 협력 등을 들 수 있다. 크게 세 가지로 압축하면 신뢰, 연계망네트워크, 규범으로 볼 수 있다.

신뢰란 어떤 행위자가 위험이 있음에도 불구하고 다른 행위자가 자신의 이해나 기대에 부응하게 행동할 것이라는 주관적 기대를 의미한다. 즉 타인을 신뢰하는 수준이 높을수록 사회 발전을 위한 동력이 생기며 사회적 자본 형성의 바탕이 된다.

규범이란 사회적으로 공유된 가치와 생각으로 정상적으로 지켜질 수 있는 행동양식을 지칭한다. 규범이 잘 형성되고 지켜지는 사회는 공유된 사회적 가치가 잘 발현되고 사회적 비용이 발생할 우려가 적어진다. 사회적 발전을 위한 비전을 함께 공유하고, 이를 실현할 규범이 잘 갖추어지고 행동이 뒷받침된다면 그 사회의 전도는 밝을 수밖에 없다.

연계망은 연결망, 관계망, 네트워크로 표현되기도 한다. 사회란 다수의 구성원, 참여자, 단체나 집단 등으로 구성된다. 첨단 정보사회에서는 이들이 상호 정보를 주고받으며 상호 교류하는 활동이 필수적이다. 개인과 개인, 개인과 집단, 단체와 집단이 무수한 네트워크를 통해 활동 주체 간 상호 밀접한 관계가 형성된다. 이러한 연계망을 통하여 잘 구축된 사회적 규범이 공유되면서 자연스레 신뢰가 형성된다.

사회적 자본이 그 사회를 지탱하는 중요한 무형의 자산이라면, 공익가치의 실현을 위한 공익적인 사회적 자본도 존재할 수 있다. 필자는 이를 공익公益적 자본으로 칭하고자 한다. 이는 공익을 위한 사회적 자본이며, 공공의 이익과 정부의 경쟁력을 높이는 중요한 무형의 자산이다.

공익적公益的 자본이 필요한 영역들

공익적 자본이 발현되고 적용되어야 할 대상이나 영역은 어디일까? 공익이 시사하는 바와 같이 공공의 가치가 필요한 것이라면 어디에도 해당한다. 다시 말하면 지방 정부의 세금이 단 한 푼이라도 투입되었다면 어떤 기관, 어느 곳이라도 모두 적용되어야 한다. 세금은 절대로 사적 용도로 사용할 수 없기 때문이다. 중앙정부나 지방정부는 물론이려니와 공기업, 기타 공공기관, 세금이 지원되는 기관이나 협회, 단체, 이들의 산하기관, 공공의 재정지원을 받는 곳 등이 망라된다.

과거 자본주의 국가는 크게 공공부문과 민간 부문으로 나뉘었다. 전자는 정부가, 후자는 기업 등 사적 영역이 지배적인 것으로 간주하였다. 그러나 과학기술이 점차 발달, 고도화되고 산업구조가 복잡다단해짐에 따라 과거와 같은 공공부문과 민간부문의 이분법적 사고로는 당면한 국가와 사회적 문제를 해결하기에는 한계가 있다. 이에 공공과 민간의 중간 영역에 해당하는 다양한 공공서비스 전달 시스템이 도입되기 시작하였다. 즉 공공의 가치 실현을 위한 다양한 시스템이 도입되었다.

이는 경제 수준이 나아지고 지방자치제가 부활하면서 확산

일로로 치닫고 있는 경향이다. 중앙정부도 마찬가지이지만 특히 지방정부의 복지부문 예산은 지방마다 다소 차이는 있지만 적게는 40~50%, 많게는 70~80%를 점하는 경우도 허다하다. 많은 예산이 투입되는 복지부문에 공무원들이 직접 일일이 서비스를 제공하기에는 한계가 있다. 불가피하게 다양한 서비스 전달체계가 동원되고, 민간이 주도적이며 공공은 보조적인 역할을 하는 경우가 다반사이다. 심한 경우는 예산만 지원하고 관리 사각지대에 처해 있는 경우도 적지 않다. 복지비 횡령사건이 심심찮게 신문지면을 장식하고 있다.

지난 "2024 파리올림픽"에서 대한민국 체육회 및 산하단체 등에서 공감하기 어려운 현상들이 나타나기도 하였다. 특히 공공의 가치가 훼손된 모습을 보인 배드민턴 협회에 대한 국민의 분노가 적지 않게 표출되었다. 그 어떤 영역이나 대상이라 하더라도 세금이 투입되는 곳이라면 공익적 가치의 실현이 전제되어 있다. 바로 공익적 자본의 가치가 실현되어야 한다. 공익적인 사회적 자본약칭, 공익적 자본이 필요한 까닭이다.

공익적 자본의 작동을 위해서는

공익적 자본이 발현하기 위해 지켜져야 할 규범은 무엇인가? 공익적 가치가 지켜지고 발현되기 위해서는 개인의 가치에 지배당하기보다는 조직이나 공동체의 이익이나 가치 실현에 우선을 두는 분위기가 형성되어야 한다. 조직이나 공동체가 지향하는 가치를 성취함으로써 구성원들의 보람과 자족감이 높아지는 문화가 형성되어야 한다.

· 공익적 자본이 활성화되고 제대로 작동하려면 자발적인 자기통제/검증시스템self-controlling system이 지배적인 가치로 자리를 잡아야 한다. 세금이 쓰이는 곳에는 늘 투명성이 확보되어야 한다. 통상 투명성을 확보하기 수단으로 제도적 장치가 마련되는 것이 보편적이다. 바로 법과 규칙 등이다. 공익적 자본이 되기 위해서는 강제적 수단이 아니라 구성원들의 자발적인 의지와 상호신뢰에 기반한 문화가 형성되어야 한다. 이를 통하여 구성원들의 자존감이 높아지고 공익에 이바지하고자 하는 의지가 충만하게 된다.

튼튼한 공익적 자본이 작동하기 위해서는 의사소통이 원활하고, 정보가 공유되며, 조직 운영이 투명하게 공개되어야 한다. 구성원들이나 이해관계 집단 간 의사소통이 원활하지 않으면 정보가 왜곡되고 공익실현에 걸림돌로 작용하게 된다. 또한 기관이나 조직의 작동원리를 구성원들뿐만 아니라 제3자나 시민들도 알 수 있게 해서 상시 감시활동이 가능해야 한다. 이를 통하여 공익가치 실현을 위한 토양이 구축되고 고부가가치의 공익 창출을 위한 지속적인 고민이 이어지는 선순환구조가 형성되어야 한다.

한국의 공익적 자본, 어제와 오늘

UN, IBRD, WB세계은행 등 국제기구는 저개발의 아프리카나 제3세계 국가들에 원조나 차관 등의 자금지원을 활발하게 해 왔으며, 지금도 계속하고 있다. 하지만 이러한 자금을 활용한 성과는 각양각색이다. 기대한 목적을 달성하는 국가가 있는 반면에 그렇지 못한 국가도 적지 않다. 왜 이러한 현상이 발생할까? 필자는 공익적 자본의 차이에서 기인하는 것으로 간주한다.

공익적 자본이 취약한 국가에서는 원조나 차관 등을 들여와서도 부패한 정치권력이나 관료들이 본래의 목적에 부합하지 않게 자금을 남용하여 사용한 결과가 아닐까. 만약 공익적 자본이 튼튼하였다면 그러한 현상은 전개되지 않았을 것이다.

6.25 전쟁의 폐허와 잿더미 속에서 한국은 한동안 원조물자나 차관 등으로 겨우 연명을 이어갔다. 국가 발전을 위한 시드머니를 위해 UN, IBRD, WB 등에 읍소하여 원조와 차관을 들여오고 희망의 씨앗을 발아시키기 위하여 온 국민은 진력하였다. 비교적 짧은 기간에 정치권력과 관료, 국민이 합심하여 희망의 꽃을 피웠을 것이니 그 바탕에는 우리도 미처 깨닫지 못했던 공익적 자본이 있었으리라!

그러나 지금도 공익적 자본이 잘 발현되고 있는지는 의문이다. 공익적 가치 실현이 필요한 기관이나 조직에서 공적 가치가 훼손되는 현상이 빈발하기 때문이다. 보조금이나 지원금 등의 오용과 남용, 구성원들이 공적 가치 달성을 위한 빌미로 공익을 훼손시키거나 자유로운 경쟁을 통한 효율을 추구하기보다는 경쟁을 제어하고 사익 추구에 혈안이 된 사례가 무수히 표출하고 있다.

이를테면 각종의 보조금이나 지원금 사용의 이탈행위, 복지비의 착복, 건강보험재정의 오·남용 등 헤아릴 수 없을 정도의 공익을 이탈한 행위들이 끊임없이 제기되고 있다. 최근 2024 파리올림픽을 계기로 표출된 체육 관계단체들의 비합리적이며 비상식적인 이탈행위는 공익적 자본의 중요성을 일깨워주는 계기가 되고 있다.

공익적 자본에 대한 중요성을 인식하고 공익에 대한 가치를 한층 증진시키는 우리 모두의 지혜와 노력이 절실히 요구되는 시점이다.

제 4 부

도시에서 인생을 배우다

제 4 부
도시에서 인생을 배우다

1 / 도시 일상의 풍경들

  자식농사, 성공의 길
  새로운 가족이 된 반려동물과 함께하는 도시의 일상
  현대판 문맹, 디지털 시대의 신문맹新文盲

2 / 역경에 박수를

  실패에 보내는 찬양가
  역경에서 꽃피는 인생의 조건반사 법칙

3 / 스승과 제자, 변해가지만 여전히 소중한 관계

  '이음'인생과 '단절'인생, 스승의 날의 값진 선물
  향기 나는 사람, 향기 나는 제자
  이제 유학생이 상수이다, 다양성이 만드는 새로운 힘

4 / 과거 권력이 더욱 위력, 현관現官과 전관前官 사이

5 / 진화하는 사회, 기러기 리더십에서 배우는 지혜

  자연이 알려주는 71%의 비밀
  계급제 문화와 꼰대 리더십
  변화를 선도하는 가치 창출 리더십
  누구나 리더가 될 수 있는 환경을

제4부
도시에서 인생을 배우다

1. 도시 일상의 풍경들

자식농사, 성공의 길

> 부모님 제1의 소망, 얼마나 성공하나? 병아리 훈육에서 지혜를!

　동서양을 불문하고 부모님들의 제1의 관심사는 자식농사(?)이다. 자식 농사에 갖은 정성과 심혈을 기울이지만 마음대로 되지 않는 것 또한 자식 농사다. 생전에 삼성그룹의 이건희 회장이 자식만큼은 마음대로 되지 않음을 토로한 적이 있다. 이를테면 재벌 회장은 힘들게 가꾸어 온 기업을 자식들에게 잘 전승시키기 위해 심혈을 기울인다. 기업이 크든 작든, 거물이든 필부이든 간에 마찬가지 일게다.

국민이 상속세에 모두 민감한 것은 어떻게 하면 자식들에게 어렵사리 모은 재산을 후대에 물려주어 치열한 경쟁사회에서 안정적인 삶을 영위하도록 하는 데 조금이나마 도움을 주고자 하는 연민이 바탕에 있다. 부모의 이런 바람은 얼마나 이루어지고 있을까?

조선왕조 왕위의 계승과정을 통해 살펴보는 것도 흥미롭다. 태조 이성계가 1392년 조선을 건국한 후 승계의 법칙으로 적장자의 왕위 계승을 최고의 미덕으로 여기고, 이를 실현하기 위해 온갖 노력을 기울였다. 조선왕조 518년1392-1910년 동안 27명의 임금이 거쳐 갔으나 임금이 승하한 후 적장자에게 왕위가 계승된 것은 단 2명연산군, 숙종뿐이었다.

철저하게 적장자 승계가 지켜진 것은 7.4%2:25에 불과하였다는 사실이다. 적장자에게 왕위가 계승된 것을 비롯하여 정상적으로 직계비속에게 승계된 것까지 포함하더라도 8명5대 문종, 6대 단종, 10대 연산군, 12대 인종, 18대 현종, 19대 숙종, 20대 경종, 27대 순종에 불과하였다. 정상적인 왕위 계승은 30% 수준27명 중 8명일 뿐이다. 조선왕조 적장자 승계를 위해 세자에게 특별 조기교육을 시켰음에도 불구하고.

그 외의 왕들19명은 손자, 동생으로 계승되거나 반정이나 정치적 이해관계 등에 의해 계승되었다. 달리 말하면 정상적인 왕위 계승은 30%에 불과하고 비정상적인 것이 70%에 해당한다고 볼 수 있다. 부모가 바라는 자식농사를 짓는 것이 얼마나 어려운 것인가를 단적으로 보여주는 방증이 아닐까.

부모님들은 자녀들의 성공을 학수고대하면서 그 모든 것을 헌신하고 바친다. 자식을 위해서는 기러기 가족의 탄생도 마다하지 않는다. 우리나라 부모님들의 열렬한 자식 사랑 때문이리라. 그럼에도 불구하고 성공적인 자식농사가 쉽지 않다. 흔히 부자들의 재산은 3대까지 지키기도 쉽지 않다고 한다. 그만큼 부를 지키고 유지하는 것이 간단치 않음을 일컫는 것이리라. 요즈음 학부모들은 자녀들의 의대입학을 위한 조기교육에 난리법석이다. 7세에 조기교육을 위한 의대 입시준비학원이 성황이라더니, 이제는 4세에 영어 조기교육을 위한 학원이 문전성시라고 한다. 놀랄만한 일이 아닌가.

되돌아보면 인생살이도 계획대로 이루어진 것보다도 계획을 벗어 난 경우가 다반사가 아니었을까 여겨진다. 일생을 살아오면서 자기가 세운 기준과 원칙에 얼마나 충실해 온 것인가? 원칙에 충실하게 살려고 발버둥 쳐 왔지만 결산해 보면 조선시대 왕위 계승 '8 : 1930% : 70%' 실상보다 나았다고 장담하기 어려운 것이 우리들의 인생살이가 아니었던가? 달리 말하면 자식농사도 30% 정도라도 성공했다면 평균 농사는 지은 것이니 너무 속상해할 필요가 없지 않을까.

그럼 자식농사, 성공하는 길은 없는가? 닭의 홀로서기 교육에서 배워보면 어떨까. 어미 닭이 병아리를 키우는 모습을 보면 매우 지혜롭다. 처음에는 먹이를 잘게 나누어 물어서 입에 넣어주다가 조금 지나면 먹이를 병아리 앞에 놓아준다. 병아리가 좀 더 크면 먹이가 있을 만한 곳을 발로 파헤쳐 놓기만 한다. 제법 자라면 어미 곁에 오면 아예 쫓아버린다. 이제 홀로서기 하라는 메시지이다.

우리는 언제까지 자식을 품 안에 품고 살아야 하는지를 되돌아볼 일이다. 지나치게 자식들에게 스트레스를 주고 자식농사에 목을 매는 것으로부터 벗어나자. 자기 삶에 자아를 찾을 수 있도록 도와주고 자족할 수 있는 지혜를 갖도록 해주자. 그러면 자식들도 행복해질 수 있고, 더불어 부모님의 삶도 평안해지리라! 부모의 지나친 욕심 때문에 마음 아파하기보다는 소소한 일상을 즐기는 인생을 사는 것이 보람도 있고 행복한 삶이 아닐까.

새로운 가족이 된 반려동물과 함께하는 도시의 일상

> 출산율과 반려동물의 선호도, 반비례? 반려동물 인기와 출산율이 높으면 모두 더 행복?

유년 시절 학교를 마치고 집에 가까워지면 어찌 아는지 집에서 키우던 강아지개가 한걸음에 날아오는 듯 꼬리를 휘날리며 반기는 모습이 아직도 뇌리에 선하다. 가방을 방바닥에 내팽개치고 한동안 강아지와 친구가 되어 시간 가는 줄 모르고 지냈다. 시골에서 어릴 적 유달리 강아지를 좋아했는데, 당시에 개는 집을 지키면서 집에서 남은 음식을 처리하는 동물이면서 친구이기도 하였다.

대학을 서울로 진학하면서 형님 댁에서 지내게 되었다. 마침 이웃에서 개가 새끼를 여러 마리 낳았다고 하면서 형수님이 강아지 한 마리를 갖고 왔다. 형님 댁이 단독주택이고 집에 조그만 마당도 있고 해서 어린 강아지 키우기에는 무리가 없었다. 한동안 잊고 지냈던 어린 시절 강아지와 함께 즐겁게 지냈던 시절로 되돌아간 느낌이었다. 그런데 새끼 강아지가 하루가 다르게 부쩍부쩍 크기 시작하였다. 강아지가 몸집이 담대해진 개가 되어 이웃의 불평도 있고 해서 할 수 없이 개장수당시 자전거를 탄 개장수는 흔히 볼 수 있는 풍경에게 넘기게 되었다.

난 아직도 개장수에게 개를 넘긴 그날을 잊을 수가 없다. 불길한 예감을 직감한 듯 개장수에게 끌려가지 않으려고 발버둥을 치는 모습을 차마 볼 수가 없었다. 끌려가면서 개 눈가에 흐르는 눈물이 지금도 눈에 선하다. 그때 난 앞으로 절대 개를 키우지 않기로 다짐했다. 개와 헤어지는 아픔이 너무나 큰 고통으로 다가왔기 때문이다.

아파트에 살면서 집사람과 아들이 애완견이라도 키우면 어떠냐고 한다. 난 한사코 반대다. 헤어짐의 아픔이 너무 짠하게 남아있기 때문이리라! 실제로 친한 친구가 애완견을 키웠는데 명이 다하여 애완견이 죽으니 사람의 죽음과 마찬가지로 화장 절차를 거쳐 이별하였단다. 문제는 애완견과 이별한 후 친구 부인이 한동안 우울증에서 벗어날 수가 없었다고 한다. 헤어짐의 아픔 때문에 - .

요즈음 도시의 주된 주거 공간인 아파트에서도 애완견 키우는 것이 보편적이다. 애완견뿐만 아니라 애완동물 한두 종류 키우는 것이 대세인 듯하다. 일설에 의하면 애완동물 키우기는 1986년 아세안게임과 1988년 올림픽을 거치면서 점차 확산하였다고 한다. 국제경기를 치르면서 시민의식이 높아지고 경제가 성장·발전하면서 생활 여건이 나아졌기 때문이리라!

이제는 애완동물이 아니라 반려동물로 자리 잡았다. 반려라는 의미는 동반자라는 의미다. 가족과 함께하는 동반자임을 뜻한다. 이들이 가족의 울타리에 들어오면서 반려 산업양질의 반려동물 먹거리, 동물 전용 유치원과 미용실, 동물 전용 침대, 옷장, 주얼리, 동물목욕탕, 반려동물 호텔, 24시간 무인 펫마트, 화장장 등이 번성하기 시작하였다. 사람이 아파서 병원에 가는 의료비보다 반려동물이 동물병원에 가는 비용이 훨씬 비싸졌다.

반려 산업의 급성장은 핵가족화, 저출산, 고령화사회와도 밀접한 관련이 있다. 자녀 수는 점차 적어지지만, 과거처럼 부모를 모시지 않기 때문에 빈공간을 채우기 위해서라도 반려동물에 대한 욕구가 생기는 것도 자연스러운 현상이다. 어찌 보면 반려동물이 지난날 다자녀를 대신하는 형국이 되었다. 자녀를 키우기 위해서는 본의 아니게 스트레스와 싸우기도 해야 하지만 반려동물은 인간에게 즐거움을 주기에는 안성맞춤이다. 앞으로 반려 산업, 반려 가정이 점차 증가할 것임은 분명해 보인다.

얼마 전 가까운 선배님이 건강이 좋지 않아서 병원에 입원하였다기에 문병을 간 적이 있다. 문병하러 가면 으레 배우자와 자녀들, 친인척들이 함께 간병을 하거나 문병하기 마련이다. 그런데 문병을 가보니 왠지 쓸쓸한 분위기가 엄습해 왔다. 알아보니 그 선배는 자녀들이 없어서 배우자형수만이 홀로 병상을 지키고 있었다. 형수님 얼굴에는 왠지 모를 외로움이 진하게 배어 있는 듯하였다.

순간 스치는 생각, 혹시 반려동물은 이 을씨년스런 모습을 메꾸어 줄 수 있지 않을까? 출산률이 낮아지고 가족수가 점차 줄어들면서 앞으로 반려동물에 대한 수요가 증가함은 자연스러운 모습으로 자리하리라! 선배의 문병을 통해서 반려동물과 우리들의 삶을 되돌아보는 순간이었다.

현대판 문맹, 디지털 시대의 신문맹新文盲

원래 문맹文盲이란 글을 해독할 수 있는 능력 보유 여부를 가늠하는 말이다. 최근 문맹에도 여러 가지가 있음을 확인시켜주고 있다. 컴퓨터가 보편화되면서 컴퓨터를 다루는 능력에 따라 컴맹이란 용어도 생겼다. 문재인 정부에서는 인건비의 급격한 상승으로 자영업자들의 한숨 소리가 높아지면서 임금 상승에 따른 인건비를 줄이기 위해서 무인주문기, 이른바 키오스크의 도입이 보편화되기 시작하였다. 기계언어자판기 언어에 익숙하지 않은 노년층들은 맥도널드에 가서 키오스크 주문이 서툴러 햄버거 주문도 못 하고 발길을 돌렸다는 씁쓸한 내용이 신문 지면을 장식하고 있다. 이른바 키맹의 등장이다.

문맹에는 사고思考의 문맹도 있다. 2020년 1월부터 지구촌에 코로나19란 놈(?)이 등장하더니 세계를 휘젓고 다녔다. 경중의 차이는 있을지라도 코로나19란 광풍을 피해 간 나라는 없다. 어느 나라는 '코로나 제로(0)' 정책을 추구하면서 한 사람이라도 코로나 확진자가 발생하면 도시를 통째로 봉쇄하는 정책을 펴기도 했다. 그런데도 코로나19는 진정되기보다는 점차 확산일로로 치달았다. 21세기 대명천지에 왜 이런 일이 발생하고 있는 것일까?

원래 바이러스는 인간의 육안으로는 보이지도 않을 뿐만 아니라 인간도 모르는 사이에 몰래 침투하여 인간을 괴롭히고 있다. '코로나 제로(0)' 정책은 인간의 육안으로 확인 불가능한 것을 확인할 수 있는 것으로 착각하고 수립한 결과물이 아닐는지? 이른바 바이러스에 대한 문맹적 사고의 결과물이 아니었기를 바란다.

이젠 문맹, 컴맹, 키맹에 이어 인지맹도 등장할 참이다. AI, CHAT GPT 등 인공지능의 등장으로 인간의 삶을 송두리째 바꾸어 나갈 즈음이다. 앞으로 새로이 등장하는 인공지능에 대한 이해도와 활용도가 떨어질수록 경쟁력은 급전직하할 것이다. 인공지능에 대한 무지인지맹를 서둘러 극복할 준비를 해야 할 즈음이다. 첨단정보화 사회에서 새로운 지식 충전에 소홀하거나 보조를 못 맞추는 현대인들은 자기도 모르는 사이에 21세기 현대판 문맹으로 전락할지도 모른다.

허물을 벗지 않는 뱀은 죽고 만다. 낡은 사고에 갇혀 지내면 인간도 썩기 마련이다. 그래서 인간도 사고의 신진대사가 필요하다는 니체의 명언이 21세기에도 여전히 유효함을 일깨워 준다. 우리 모두 이제 21세기 '현대판 신문맹新文盲'에서 벗어 날 준비를 해야 하지 않겠는가!

2. 역경에 박수를

실패에 보내는 찬양가

> 실패 없는 성공, 그건 불가능하고 실패한 거야!

흔히 '실패는 성공의 어머니'라고 한다. 실패면 실패지, 왜 성공의 어머니라고 할까? 어린 시절 왜 실패가 성공의 어머니라고 하는지 의아해한 적이 있었다. 인생사에 실패와 성공은 늘 함께하는 동반자이다. 실패 없는 성공도 없고, 성공 없는 실패도 없다. 실패가 없는 성공이 존재하는가? 불가능하다. 성공으로만 점철되면 성공이란걸 체감할 수가 없다. 왜냐하면 실패를 통해서 비로소 성공이란 것을 체득할 수 있기 때문이다.

인생을 살다 보면 반드시 장애물을 만나게 된다. 장애물은 인생사의 필수품이다. 장애물을 뛰어넘어야 실패를 극복할 수 있다. 사람들은 실패를 싫어하고 기피하고 두려워한다. 맹목적으로 실패를 기피하고 두려워할 것이 아니다. 피해야 할 실패가 있는 반면, 기쁨으로 맞이해야 할 실패도 있다.

전자는 '나쁜 실패'로 같은 실패를 반복하는 실패이다. 이는 실패를 통해서 교훈을 얻지 못하기 때문에 반복적인 실패로 이어지게 되는 것이다. 우리가 지양止揚해야 할 실패이다.

후자는 '좋은 실패'로 같은 실패가 반복되는 것이 아니라 이전에 경험하지 못한 새로운 실패이다. 이것은 혁신의 아이콘과 직결된다. 이러한 실패는 비록 이번에는 실패했지만, 똑같은 양상이 전개될 때는 성공으로 이끄는 주춧돌이 될 수 있기 때문이다. 이는 '실패는 성공의 어머니'라는 금언에 딱 어울리는 실패이기 때문이다.

실패! 기피만 할 것이 아니라 '좋은 실패'는 얼마든지 맞이할 준비를 해야 한다. 이런 실패는 창의와 혁신의 전진기지가 된다. 이는 인생을 한층 풍요롭고 값어치 있게 만들 수 있는 토대가 되기 때문이다. 실패, 기쁨으로 맞이할 준비를 하자. 매일 날씨가 좋으면 사막이 되듯, 실패없는 성공은 가능하지도 않을 뿐만 아니라 파멸로 가는 길이다.

역경에서 꽃피는 인생의 조건반사 법칙

> 한순간에 약자가 강자가 되고 강자는 약자로 - . 그럼 약자가 강자로 되는 비결은?

진화론자 다윈은 생명력을 유지하는데 가장 큰 무기는 바로 '변화에 대한 적응력'이라고 하였다. 삼라만상이 변하듯 이 세상에 변화하지 않는 것은 아무것도 없다. 변화하는 여건에 살아남는 종種이 승자라는 것이다. 이는 일종의 '조건반사 법칙'인 셈이다.

변화한다는 것은 살아남기 위한 일종의 생존 법칙이 아닐까. 변화한다는 것은 바뀐 조건에서 살아남기 위한 반작용이고 이는 조건반사 법칙이다. 모든 생명체는 조건이 바뀌면 바뀐 조건을 극복할 수 있는 역량을 지녀야 생명력을 지속할 수 있다.

어느 날 갑자기 교통사고로 시각을 상실한 한 친구가 있었다. 생을 포기하느냐, 살아남느냐의 기로의 순간에 봉착하였다. 바뀐 조건에 어떻게 반응하느냐에 따라 인생행로가 달라진다. 바뀐 조건을 수용하면 자동적으로 반작용의 법칙이 강하게 작용하기 마련이다. 이를테면 비록 시각은 상실되었지만, 청각은 엄청나게 발달하게 된다. 이는 인체도 조건이 바뀌면 자동적으로 조건반사 법칙이 작용하기 때문이리라. 이른바 '작용, 반작용의 법칙'이다.

인생도 마찬가지이다. 어린 시절 좋은 환경에서 자란 친구들을 보면 부럽기 이를 데 없었다. 그런데 가만히 주위를 되돌아보면 사회에 훌륭한 업적을 남긴 이들은 좋은 환경에서 자란 아이들보다 하나같이 어렵고 힘든 환경에서 자라난 아이들이다. 바로 열악한 환경으로 인한 강한 조건반사 법칙의 작용 때문이다. 악조건을 극복하기 위한 피눈물이 나는 노력은 삶의 원동력으로 작용한 셈이다. 어쩌면 열악한 환경은 절망이 아니라 축복의 선물이리라!

3. 스승과 제자, 변해가지만 여전히 소중한 관계

> 스승과 제자. 예전 같지 않지만, 그럼에도 여전히 그 본질은 살아 있음이라!

'이음'인생과 '단절'인생, 스승의 날의 가장 값진 선물

인간의 삶이 이음과 이음으로 이어진 인생이 있는가하면, 단절로 점철된 인생도 있다. 전자가 '이음인생'이라면 후자는 '단절인생'인 셈이다. 어떤 인생을 살아야 할까? 당연히 이음인생이다. 인간은 이 세상에 태어나면서부터 이음의 인생이 시작된다. 부모, 형제, 자매로 이어지는 필연적 이음에서 시작하여 학교로, 직장으로, 사회로 이어지는 제도적이며 자연적인 이음의 연속이다. 이러한 과정에서 수많은 만남이음과 헤어짐단절이 반복된다.

이음으로 새로움이 더해지며 새로움은 또 다른 새로움을 잉태시키는 동력이 되기 마련이다. 이음의 파일이 차곡차곡 쌓여가면서 인간의 삶은 풍요롭고 성숙해진다. 이 세상을 하직하는 날까지 이음으로 점철된 인생은 분명 행복하고 보람된 삶일 것이다.

한편, 이음과 이어짐이 계속해서 이어지지 못하고 파편화되고 단절로 점철된 삶은 무미건조하며 단조롭고 삶의 향기를 체득하기 어려우리라. 이음과 이음이 더해지기(+)보다는 단절과 파편으로 인해 제로(0)나 마이너스(-)가 되니 일상은 지루해지고 피곤하며 기대와 희망, 활력과 생기가 사라지고 반목과 자괴감이 지배하리라.

정년을 맞이하면 기속적이며 규칙적인 일상에서 벗어나므로 이음으로 이어진 삶이 마감하는 줄로만 생각했다. 비록 지난날들의 이어짐은 단절되기도 하고 사라져가고는 있지만 간간이 간헐적이며 자유로운 또 다른 이어짐이 이어질지는 몰랐다. 정년 후의 새로운 이어짐은 색다른 느낌으로 다가온다.

정년이후 간간이 강의를 해왔지만, 이번 5월 스승의 날의 감회는 남다르다. 재직 시에 카네이션과 더불어 함께 한 제자들과의 의례적인 스승의 날과는 다른 묘한 여운을 주는 스승의 날이었다. 카네이션과 함께 명예연구실을 찾아온 학생들의 행태는 이전과 비슷하지만, 각자 예쁜 손 편지로 정성을 담아 엮은 파일첩수첩 형태로 정성스레 꾸몄다사진 12 참조. 재직 시에도 미처 경험하지 못한 스승의 날의 값진 선물에 콧등이 찡해 온다.

손 편지를 읽으면서 제자들의 공부하고자 하는 열의와 아름다운 모습이 함께 다가오니 나도 모르게 입가에 미소가 번진다. 모처럼 가르침에 대한 자부심에 앞으로 한층 더 정성을 쏟아야 할 사명감을 일깨어준다고나 할까. 이번 스승의 날, 나만이 누리는 즐거움이 아니라 교직에 계시는 모든 선생님이 누릴 수 있으면 하는 바람이다. 만남과 만남이 아름다운 이어짐으로 연결된다면 인생은 한층 풍요로워지리라!

요즈음 스승과 제자 관계가 예전 같지 않다고 한다. 스승과 제자, 갈등과 반목, 가끔 폭력과 아름답지 못한 모습이 등장하기도 한다. 선생님이 교단에서 얼마나 불안하면 교권침해보험에 가입하기도 한다. 과거에 비해 스승과 제자 관계가 다소 변화하고 있지만 그 본질은 유지되어야 한다.

 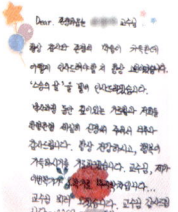

〈사진 12〉 스승의 날 제자들의 손편지 수첩과 손편지

스승의 날, 원우 여러분들의 정성에 다시 고마움을 전합니다. 고맙고, 감사합니다. 댕큐!!

향기 나는 사람, 향기 나는 제자

인간은 태어나면서부터 사람과의 만남으로부터 출발한다. 부모님과의 만남에서 시작하여 형제자매, 친인척 등으로 이어진다. 만남의 유형은 크게 이너서클Inner Circle형과 아웃서클Out Circle형으로 구분된다.

이너서클형은 혈족관계로 인한 만남의 유형이다. 아웃서클형은 사회적 관계망을 통해서 형성되는 만남이다. 두 가지 유형 중에서 전자는 DNA에 바탕을 둔 필연적 만남이다. 이 유형의 특징은 필연적, 탈경쟁적, 정서적, 몰沒가치적, 편향적이다. 반면에 후자는 선택적, 경쟁적, 합리적, 가치지향적, 비非편향적이다.

인간이 일생을 살아가면서 성공적인 삶의 궤적을 만들어 나가는 데는 이너서클형보다는 아웃서클형이 결정적인 영향을 미친다. 왜냐하면 DNA에 기반한 이너서클형은 일반적으로 튼튼한 우군으로 자리하기 마련인 반면, 아웃서클형은 치열한 경쟁적 관계가 핵심이기 때문이다.

경쟁적 관계 속에서 성공적인 삶으로 이어지기 위해서는 인간의 품성과 품격이 중요한 역할을 한다. 셰익스피어는 인간의 운명은 품격에 좌우된다고 하였다. 꽃에 향기가 있듯이 사람에게도 꽃의 향기와 같은 품격이란 것이 있다. 뿌리가 없으면 꽃이 피지 못하듯이 인간에게 있어서 품격은 사람의 향기며 사상의 뿌리다. 향기가 나는 사람은 환영받기 마련이며 성공적인 인생을 사는 초석이 된다.

정년을 맞이하고 나니 만나는 사람들이 다양해졌다. 현업에서 활동하거나 은퇴한 지인들, 학교 동창들, 소싯적 친구들, 다양한 분야에서 활발하게 활동하는 제자들 등. 다양한 사람들을 만나다 보니 향기가 나는 사람이 있는가 하면 그 반대의 사람도 있다. 대학교에서 오래 봉직하고 은퇴하다 보니 자연스레 제자들을 자주 접하게 된다. 향기가 물씬 풍기는 제자를 만나게 되면 나도 그 향기에 젖어 드는 듯 마음이 푸근해진다.

그런데 간혹 향기가 아니라 향기롭지 못한 정취가 풍기는 제자들도 접하게 된다. 그럼 왠지 모르게 걱정이 앞선다. 저런 품성으로는 경쟁이 치열한 사회에서 직장생활을 잘 꾸려나가기가 어려울 것 같은데 - . 어쩌면 잘못 가르친 내가 죄인듯하여 못내 마음이 아프기도 하다. 꽃에 향기가 나듯이 인간에게도 아름다운 향기가 나는 품성으로 충만한 사람들, 제자들이 많았으면 하는 바람이다.

이제 유학생이 상수이다, 다양성이 만드는 새로운 힘

어떤 가르침이어야 하나? 유학생도 넘쳐나는데, 진화하는 가르침은?

- 시너지와 역逆시너지

흔히 우리는 "백지장도 맞들면 낫다"라는 속담을 떠올리며 협력의 가치를 믿는다. 무거운 가구를 옮길 때 혼자서는 엄두를 못 내지만 두세 명이 함께라면 쉽게 해결되는 경우를 생각해보자. 이런 일상적인 경험은 협력이 얼마나 중요한지를 일깨워 준다. 하지만 현실은 그렇게 단순하지 않다. 여러 사람이 모여 함께 일할 때, 때로는 기대했던 것만큼의 성과를 내지 못하거나 오히려 효율이 떨어지는 경우도 있다. 이런 현상을 깊이 들여다보면, 협업이라는 것이 단순히 사람 수의 문제를 넘어 더 복잡한 요소들에 의해 좌우된다는 점을 깨닫게 된다.

기업 세계에서 흥미로운 법칙이 있다. 바로 '3분의 2 법칙'이다. CYBAEA라는 연구 기관이 밝혀낸 바에 따르면, 회사의 규모가 커질수록 직원 한 명당 생산성은 오히려 떨어지는 경향이 있다. 이를테면, 회사 직원 수가 세 배로 늘어나면 개개인의 생산성은 절반으로 줄어들 수 있으며, 직원 수가 단 10% 늘어나기만 해도 평균 생산성이 1%에서 6.3%까지 하락한다고 한다제이콥 모건, '직장인 미래 수업'에서.

이처럼 많은 인원이 모인다고 해서 반드시 좋은 결과를 보장할 수는 없다. 이는 일종의 "역逆시너지"인 셈이다. 1+1이 2보다 작아지는 현상, 즉 사람들이 많아질수록 오히려 성과가 줄어드는 것이다. 마치 주방에 요리사가 너무 많으면 오히려 요리가 늦어지는 것과 비슷하다. 이는 단순한 물리적 공간의 문제를 넘어 소통, 갈등, 책임 분담 등 다양한 요인이 얽혀 나타나는 현상이다.

• 강의실에서 찾은 특별한 시너지

우리는 여전히 시너지의 가능성을 꿈꾼다. 1+1이 2보다 커지는 마법 같은 순간을 기대하는 것이다. 대학에서 나는 매 학기 학생들 간의 협업을 통해 그런 시너지를 만들어보고자 한다. 어떻게 하면 학생들이 서로 협력하며 더 큰 성장을 이뤄낼 수 있을지 늘 고민한다. 필자가 대학 학부 강의 때 강조하는 두 가지 원칙이 있다. 하나는 '팀 프로젝트팀별 과제'이고 다른 하나는 강의내용과 유관한 '현장 기관방문'이다. 학생은 후자는 유난히 좋아하는데, 전자인 '팀별 과제' 때문에 수강하기를 꺼리기도 한다는 이야기를 듣곤 하였다.

이번 학기는 유독 특별했다. 수업을 듣는 학생 중 절반이 유학생외국인이었기 때문이다. 이들은 한국어 능력 시험 성적이 뛰어나긴 했지만, 의사소통 과정에서 종종 어려움을 겪었다. 고민 끝에 나는 실험적인 시도를 했다. 한국 학생 한 명과 외국인 학생 한 명을 한 팀으로 묶어 그룹 발표를 하게 한 것이다. 이 과정에서 학생들은 자율적으로 발표 주제를 선택하고 자료를 조사하며 서로의 강점을 살려 역할을 분담하고 논점을 정리해 나갔다.

처음엔 걱정도 많았다. 언어와 문화적 차이로 인해 오히려 갈등이 생기진 않을까 하는 우려였다. 결과는 예상 밖이었다. 학생들은 서로 도우며 놀라운 결과를 만들어냈다. 발표 주제를 선정하고 자료를 찾는 과정에서 서로의 문화와 관점을 배우며 자연스럽게 소통하는 법을 익혔다. 학기가 끝날 즈음엔 유학생들의 언어 소통 능력이 한층 나아졌음을 알 수 있었다. 비록 발표가 완벽하지는 않았지만, 그들의 열정과 노력만큼은 무엇보다 값졌다.

• 유학생이 상수인 대학

오늘날 대학 캠퍼스는 점점 더 다양한 문화와 배경을 가진 학생들이 공존하는 공간이 되어가고 있다. 최근 10년간의 추이를 살펴보면, 국내 대학으로 유학 온 외국인 유학생 수는 꾸준히 증가하고 있다. 'Study Korea Project' 시행 8년 차인 2013년 국내 유입 유학생 수는 85,923명이었으나, 2023년 외국인 유학생 수는 181,842명으로 10년 사이 두 배 가까이 증가했다. 2020년과 2021년에는 코로나19 팬데믹으로 인해 잠시 주춤했지만, 이를 감안하면 유학생 수는 지속적으로 증가하는 추세다. 이러한 변화는 학내 세미나와 동아리 활동에서도 여러 문화가 공존하며 협력하는 사례로 나타나고 있다.

외국인 유학생의 증가는 우리 사회에 새로운 기회가 될 수 있다. 저출산으로 인한 노동력 부족 문제를 겪고 있는 한국에서, 이들은 중요한 인적 자원이 될 가능성이 크다. 특히 한국에서 공부하며 이곳의 문화를 이해한 외국인 유학생들이 졸업 후 국내에서 활동한다면, 이는 이민으로 인한 사회적 갈등을 줄이면서도 뛰어난 인재를 확보할 좋은 기회가 될 것이다.

다양한 배경을 가진 학생들에게 질 높은 교육을 제공하는 방법은 무엇일까? 이번 학기 경험은 그에 대한 작은 힌트를 제공했다. 때로는 서로의 차이가 오히려 더 큰 배움의 기회로 작용할 수 있다는 것을 보여주었다. 이런 교육적 경험은 단순히 개인의 학습을 넘어, 우리 사회의 미래를 준비하는 데에도 중요한 자산이 될 것이다.

• 유학생과 함께 하는 강의실 풍경

　미국에서 공부를 하면서 캠퍼스에는 세계 각국에서 온 다양한 유학생들로 넘쳐났다. 당시 한국에서는 볼 수 없었던 풍경이다. 그런 풍경이 오늘날 우리나라 캠퍼스에도 나타났다. 대학교육이 변해야 할 당위성이기도 하다. 외국 유학생들이 증가하니 그들을 배려하여 영어 원강 개설이 늘어나는 수준에 머무르고 있다. 그들의 니즈에 부합하는 맞춤형 교육의 필요성이 증가하고 있다.

　그동안 내국인이 다수인 관계로 외국 유학생에 대한 배려를 간과해 온 측면이 없지 않다. 대학 캠퍼스에도 점차 외국인 유학생이 증가하고 있으니, 이제는 이들에게 어떻게 양질의 교육을 할 것인가가 과제로 부각하고 있다. 이번학기 내국인과 외국인 유학생의 매칭을 통한 팀프로젝트의 수행으로 기대이상의 성과를 얻었다. 창발적 아이디어의 도출과 상호 소통역량이 증진하였음을 확인 할 수가 있었다. 더불어 서로 문화적 교류가 활발해짐은 덤으로 얻은 수확이었다.

　다양한 문화적 배경을 가진 구성원들이 함께 프로젝트를 수행할 때, 각자의 관점을 활용해 창의적이며 혁신적인 아이디어를 창출할 수 있다. 이를 위해 팀워크를 강화하는 워크숍이나 공동 목표를 설정하고 주기적인 피드백을 통해 시행착오를 줄이면서 성과를 높이도록 하는 방법이 실질적인 대안이 될 수 있다. 이번 강의를 거울삼아 외국 유학생들의 수학능력을 높일 뿐만 아니라 강의의 시너지를 배가할 수 있는 고민이 중요해지고 있다.

4. 과거 권력이 더욱 위력, 현관現官과 전관前官 사이

> 권력자들이 현관을 나서면 그때부터 전관예우가 판을 친다. 그러니 현관 때 덕(?)을 쌓은 모양?

전관前官이란 용어는 자주 접한다. 현직이란 용어는 쉽게 섭하지만 왠지 모르게 현관現官이란 용어는 낯설다. 현관現官과 전관前官, 어느 편이 비교우위에 있지? 일반적으로 현관現官이 우세할 수밖에 없다. 그러니 현직현관에서 퇴직하는 순간 찬밥신세가 되기 십상이다. 퇴직하는 순간 현직에서 누리는 혜택은 사라지기 마련이다. 그런데 유달리 전관前官이 설치는 곳이 있다. 바로 법조계다.

전관예우란 행정관청, 법원 등의 공공기관이 해당 기관에서 근무하다 퇴직한 공직자, 특히 고위직을 지낸 전직 공직자를 전 동료이자 선배로서 예우하고, 그에 따라 전직 공직자가 공공기관의 업무에 계속해서 영향력을 가지게 되는 현상을 말한다. 이는 부패의 사슬고리로 작용한다는 비판이다. 혹자는 과거의 권력과 자격증을 빌미로 사회악을 조장하는 집단으로 치부하기도 한다.

윤석열 정부가 들어서면서 국무총리 후보자 선출로 홍역을 치렀다. 깨끗한 공직자의 전형으로 인식되어 온 후보자가 이전 정부의 총리를 그만두고 K 법무법인의 고문으로 재직하면서 불과 4년 만에 40여억 원의 고문료를 챙겼다. 사회적 이슈가 되면서 전관예우에 대한 문제를 다시 되돌아보는 계기가 되고 있다.

흔히 전관예우라면 법조계를 연상한다. 법은 정의의 수호자여야 한다. 그런 의미에서 영어로는 법무부를 정의부 Ministry of Justice로 칭하는 까닭이기도 하다. 정의가 살아 숨쉬는 법이 만들어지고 집행되어야 진정한 정의 사회가 구현되리라. 사회 어느 분야보다도 법조계는 정의를 지키는 수범이 되어야 한다.

하지만 실상은 그 반대다. 정의의 수호자가 아니라 비리와 부패의 온상이라는 시각이 지배적이다. 바로 단적인 예가 '전관예우'다. '전직 공직자가 공공기관의 업무에 계속해서 영향력을 가지게 된다'라는 의미에는 법이 공정하고 정의롭지 않게 집행된다는 것을 함축하고 있다. 법이 공정하고 정의롭지 않게 집행된다는 것은 불가피하게 억울한 피해자를 양산하고 사회악을 조장하는 원흉을 방치한다는 것을 의미한다. 언제까지 전관예우를 두고만 볼 것인가?

일반사회에서 대부분 전관前官은 현관現官과 비교하면 평가절하되는 것이 보편적이다. 그러면 전관예우 문제를 해결하는 길은 법조계에도 전관前官을 현관現官보다 평가절하하도록 하는 것이다. 이를테면 변호사의 수임료나 자문비를 현관現官의 수준 이하로 묶는 것이다. 만약 이를 위반하면 되돌리기가 불가능할 정도의 패널티상당한 기간 동안 퇴임 전 근무부서 관련 수임 제한, 과태료, 자격정지 및 박탈 등를 가하는 것이다. 법조계는 여타분야에 비하여 현직을 떠나서라도 지속적으로 수익 활동을 영위할 수 있는 것만 하더라도 상대적으로 특혜를 누리고 있는 것이 아닌가.

전관예우가 사라져야 정의가 살아 숨쉬는 세상으로 한 단계 더 나아가지 않겠는가! 전관예우 때문에 사법 정의가 무력화되고 불공정한 재판을 받은 피해자가 나오지 않도록 해야 되지 않겠는가. 언제까지 허가 받은 도둑놈(?)이라는 사회적 지탄을 받아야 하겠는가.

5. 진화하는 사회, 기러기 리더십에서 배우는 지혜

> 꼰대는 예나 지금이나 꼰대. 그러니 꼰대리더십에 매몰. 이젠 기러기로부터 지혜를 -

자연이 알려주는 71%의 비밀

모든 사람은 리더가 되기를 원한다. 진정한 리더가 되는 것은 결코 쉬운 일이 아니다. 우리는 자연의 한 생명체인 기러기의 비행에서 혁신적인 리더십의 비밀을 배울 수 있다. 〈사진 13〉에서와 같이 기러기들은 ∧자 형태로 비행하며, 이는 공기 저항을 줄여 에너지를 절약하는 과학적 이유가 있다. 톰 왓슨은 ∧자를 그리며 날아가는 기러기 무리는 혼자서 날아가는 것보다 최소한 71%는 더 많은 거리를 날 수 있다고 한다. 각각의 기러기가 짓는 날개 짓이 바로 뒤에 따라오는 다른 기러기에 활력을 불어넣어주고 상승기류를 만들어 주기 때문이다.

기러기들이 편대 비행을 통해 서로 에너지를 절약하고 더 멀리 비행할 수 있는 이유는 바로 공기 저항을 효과적으로 분산하기 때문이다. 이러한 협력의 원리는 자연 속에서 많은 동물에게서 찾아볼 수 있지만, 기러기들의 편대 비행은 특히나 협력의 중요성을 잘 보여준다.

편대의 선두에 선 기러기는 가장 많은 공기 저항을 받으며,

가장 힘이 좋은 개체가 이 자리를 맡는다. 그러나 지치게 되면 간단한 신호솟구쳐 올라감로 다른 기러기와 교대한다. 이는 자연스럽게 이루어지는 협력과 상호 보완의 완벽한 사례이다. 선두에서 물러난 기러기는 편대 후미로 이동해 에너지를 회복하며, 그동안 새로운 리더가 앞장선다. 이렇게 기러기들은 서로의 부담을 나누며 긴 여정을 이어간다. 이와 같은 교대와 협력은 모든 구성원이 지속 가능한 방식으로 비행을 이어갈 수 있도록 해주며, 공동의 목표를 달성하는 데 매우 중요한 요소이다.

기러기들의 비행은 우리에게 협력의 중요성을 강조한다. 진정한 리더십은 누군가 앞서 나가며 길을 여는 것뿐만 아니라, 필요한 순간에 뒤로 물러서고 다른 이들이 앞장설 수 있도록 돕는 것이다. 급속하게 변화하는 현대사회에서 한 사람의 리더가 가진 지식만으로 변화무상한 문제를 다 해결해 나가기에는 한계가 있다. 리더와 구성원이 서로의 역할을 유연하게 교대할 수 있는 이러한 구조는 급변하는 환경하에서 자연스러운 리더십의 본질을 잘 보여준다.

계급제 문화와 꼰대 리더십

한국 사회는 여전히 계급제 문화와 호봉제 임금 체계에 얽매여 있다. 이 시스템은 근속 기간에 따라 임금을 결정하기 때문에 실제 생산성과 괴리가 발생한다. 이를테면, 업무 성과가 뛰어난 직원이더라도 근속 연수가 짧으면 임금이 낮고, 이는 동기 부여를 저해한다. 이러한 구조는 결국 조직의 경쟁력을 저해한다. 조직 내에서 임금 체계가 근속 연수에 따라 고정되는 것은 구성원들 간의 동기 부여를 약화시키고, 역동적인 변화를 어렵게 만든다. 따라서 이러한 전통적인 시스템을 변화시키기 위해서는 리더십의 혁신이 필요하다.

현대의 첨단 정보 사회는 과거의 농업사회와 산업사회와는 전혀 다른 리더십을 요구한다. 과거 농업사회에서는 경험이 많은 사람이 리더로 인정받고, 산업사회에서는 명확한 지시와 통제가 중요한 리더십이다. 그러나 현대 사회에서는 이러한 방식으로는 급변하는 환경에 대응하기 어렵다. 과거와 같은 권위주의에 기반한 '해라' 리더십, '꼰대' 리더십으로는 제대로 리더십을 발휘할 수가 없다. 20세기 사고思考로 21세기 급변하는 첨단정보 사회를 제대로 리드할 수 있겠는가. 복잡하고 빠르게 변화하는 환경에서는 그에 걸맞은 새로운 리더십이 필요하다.

변화를 선도하는 가치 창출 리더십

과거와 달리 오늘날은 변화를 선도하는 가치 창출 리더십이 필요하다. 이러한 리더십의 핵심은 전문성과 유연성, 공감성이다. 전문성은 해당 분야에 대한 깊은 지식, 전문성에 바탕을 두면서 융복합적 사고가 필요하다. 다양한 분야의 지식을 융합하여 새로운 가치를 창출할 수 있는 능력이 있어야 경쟁력을 확보할 수 있다. 즉 현대의 리더는 깊이 있는 지식과 융복합적 지혜로 문제를 해결하고 팀을 이끄는 능력을 가져야 한다.

유연성은 변화하는 환경에 신속하게 대응하는 능력으로 오늘날 리더십에서는 필수적이다. 리더는 변화의 흐름을 읽고 조직의 방향을 재정립할 수 있어야 한다. 이러한 유연성은 조직의 생존을 지속가능하게 하고 구성원들이 창의성을 발휘할 수 있는 환경을 만들어준다.

또한 구성원들과 진정성 있게 소통하고, 그들의 필요와 감정을 이해하는 공감 능력, 공감성은 리더십의 중요한 요소이다. 리더는 구성원들과 함께 성장하며, 신뢰를 쌓아 자발적으로 목표를 향해 나아가도록 도와야 한다.

소통과 공감, 신뢰 이 세 가지 요소는 오늘날 리더십의 필수적인 덕목으로 자리 잡고 있다. 단순한 명령과 통제의 시대는 지났으며, 리더는 구성원들과의 진정한 소통과 피드백을 통해 변화를 극복하고 선도해 나가는 역량을 지녀야 한다.

누구나 리더가 될 수 있는 환경을

오늘날 리더는 팀보다 더 뛰어난 개인은 없음을 명심해야 한다. 이제는 '나'를 줄이고 '우리'를 살리는 리더십으로 바뀌어야 한다. 잘못된 리더십, 한번 꼰대는 영원한 꼰대인줄 착각에 빠져서는 안된다. 급변하는 사회에서 통하기 어렵다. 리더는 변화와 혁신을 주도하며, 구성원들에게 희망을 팔고 심어주는 사람이다. 진정한 리더십은 때로는 앞장서고, 때로는 뒤에서 지원하는 것이다. 상황에 따라 리더와 구성원의 역할을 유연하게 바꿀 수 있어야 한다. 이는 기러기들이 비행 중 교대로 선두를 맡는 방식과 일맥상통한다. 리더가 항상 앞장서는 것이 아니라, 필요할 때는 뒤에서 지원하며 팀 전체가 지속적으로 꿈과 희망을 가지고 나아갈 수 있도록 하는 것이 중요하다.

기러기들처럼, 우리도 서로를 존중하고 협력하며 공동의 목표를 향해 나아갈 때 진정한 성공을 이룬 수 있다. 리더십은 이제 고정된 위치나 권위가 아닌, 상호 신뢰와 협력의 과정이다. 과거의 리더십이 권위와 지시를 중심으로 했다면, 오늘날의 리더십은 구성원들의 자율성과 창의성을 북돋우고, 서로의 신뢰를 바탕으로 협력하는 방향으로 변화하고 있다.

변화하는 세상 속에서 진정한 리더는 자신의 역할을 겸손하게 인식하며, 팀 전체의 성과를 위해 끊임없이 노력하는 사람이다. 리더는 팀원들의 잠재력을 최대한 발휘할 수 있도록 환경을 조성하고, 필요할 때는 이끌며, 또 필요할 때는 뒤에서 지지하는 존재이다. 이러한 리더십은 조직의 지속 가능한 성장을 가능하게 하며, 모든 구성원이 공동의 목표를 위해 함께 나아갈 수 있도록 만든다.

〈사진 13〉 기러기 편대 (출처 : http://images.app.goo.gl/SYkuiEw2NtUyM5a)

　기러기 리더십에서 배울 수 있는 핵심 교훈은 '함께하는 힘'이다. 기러기들은 편대 비행을 통해 서로를 북돋우며 긴 여정을 완수한다. 편대에 속한 모든 기러기가 날갯짓할 때 발생하는 상승 기류는 다른 기러기들의 비행을 돕는다. 이와 마찬가지로, 조직에서도 구성원들이 서로를 돕고 지지할 때, 개인의 역량을 넘어서 조직 전체가 더 큰 성과를 달성할 수 있다. 이를 이광식은 인문학 여행에서 "기러기의 아름다운 민주주의"로 표현하고 있다.

　따라서 리더는 단순히 지시하는 사람이 아니라, 구성원들이 서로 협력하고 지지할 수 있는 환경을 조성하는 역할을 해야 한다. 리더십의 본질은 권위를 행사하는 것이 아니라, 구성원들이 자신의 역할을 최대한 잘 수행할 수 있도록 돕고, 그들의 성장을 지원하는 데 있다. 이러한 리더십을 통해 조직은 단순한 목표 달성을 넘어서 구성원 모두가 성장하고 발전하는 공동체로 거듭날 수 있다.

제 5 부

도시를 넘어서
새로운 균형을 찾다

제 5 부
도시를 넘어서 새로운 균형을 찾다

1 / '메가 서울'을 넘어서

2 / 대도시권의 새로운 균형 찾기,

　　새 이정표 될 대·경대구·경북 통합

3 / 도시에 새 생명을, '상자 밖' 자치로 'K-Politics'를

4 / 도시 경쟁력은 상식이 통하는 정치로 부터

제5부
도시를 넘어서 새로운 균형을 찾다

1. '메가 서울'을 넘어서

> 한동안 서울시와 서울 주변 자치단체와 통합문제가 이슈가 되었다. 상호 유익해야 가능하지 않겠는가? WIN-WIN 하는 방법은?

그동안 경기도를 남북으로 나누는 분도分道에 대한 공감대가 형성됐지만, 깊이 있는 논의는 미흡했나. 김동연 경기지사가 경기 분도를 추진하자 김포시민들이 서울시로의 편입을 요구하고 있다. 이것이 선거와 연계되고 정치권의 이해관계와 맞물리면서 '메가 서울'이 뜨거워지기도 하였다.

메가 서울은 서울만의 문제가 아니라 국가 전체의 균형발전 차원과 수도권 및 서울 차원의 두 가지 시각에서 볼 수 있다. 국가는 서울공화국에 매몰될 게 아니라, 국가 전체의 거시 차원에서 부산, 광주, 대구 등 지방 대도시도 서울 및 수도권에

버금가는 규모의 경제기반을 어떻게 구축할 것인지 고민이 필요하다. 이를 위해서는 사람과 자본이 흘러들 수 있도록 기업유인 체계를 마련해야 한다. 지방 대도시권의 취약한 인프라를 극복하고, 지방혁신도시와 연계성을 강화하며, 지역거점도 수도권 못잖게 생활 편의성을 높여야 한다. 정부는 어느 정도 자생력을 가진 수도권보다는 지역거점성 강화에 진력해야 한다. 이는 균형발전을 위한 토대가 되고 지방 소멸 방지에도 순기능으로 작용할 것이다.

김포시 및 인접 시가 서울시에 편입된다면 비수도권에서 서울시로 인구 이동이 증가하고 서울시 집중도가 높아질까? 우리나라가 인구 팽창기에는 서울을 중심으로 급속히 증가했지만, 지금은 인구 감소 시대에 접어들었다. 지금은 대도시를 중심으로 주변 도시로의 권역 내 인구 이동이 활발하다. 수도권은 서울시에서 경기도로, 부산권은 인접한 김해시 등으로 인구이동이 일어나고 있다. 서울은 이미 인접 도시들과 연담화連擔化·conurbation해 메가 도시와 다름없다. 2024년에 일부 개통된 GTX-A 노선과 2028, 2030년에 각각 개통 예정인 GTX-C, GTX-B 노선은 서울 연담화를 촉진할 것이다. 김포시나 인접시 행정구역 일부 조정 여부와 관계없이 메가화는 가속도가 붙을 것이다.

메가 서울 문제에 어떻게 대응할 것인가? 행정구역과 생활권역 간의 불일치를 해소해야 한다. 이는 하향식보다는 주민들의 수요에 바탕을 둔 상향식으로 풀어야 한다. 필자는 서울 송파구와 경기도 과천·고양·수원에 살아본 적이 있다. 과천·고양에 거주하면서는 서울로 출퇴근했지만, 수원에서는 따로 거처를 마련했다. 지금은 고양에 거주하면서 주간에는 서울시민, 밤에는 경기도민으로 살고 있다. 경기도 과천과 고양시에 살면서 낮에 활동하는 공간이 서울이다 보니 서울시민이란 착각 속에 살았다. 법적으로는 경기도민이었지만 실상은 서울시민으로 살은 셈이다. 낮에는 서울시민이고 밤에는 경기도민, 겉과 속이 다른 삶을 산 것과 마찬가지이다. 고양시가 메가 서울이 되면 겉과 속이 일치되리라. 각자 의견이 다양하겠지만 다수 주민의 의견을 수렴하여 반영하는 것이 바람직하지 않겠는가.

하지만 김포시와 고양시 등 서울 편입 문제는 단순치만은 않다. 김포시가 서울시로 편입된다고 하더라도 자치단체인 일반 시와 자치구와는 행정권·재정권·계획고권計劃高權 등이 같지 않기 때문이다. 메가 서울에 일반 시와 자치구를 병존시킬 것인가 아니면 현재의 자치구와 유사한 체제로 개편할 것인가, 기능배분·세제개편·계획고권 문제는 어떻게 정립할 것인가 등의 난제가 있다. 메가 서울로 인해 제기되는 고민거리를 풀어가면서 그 해법을 찾아야 한다.

민선 단체장 체제가 부활·출범한 지 30년이 된다. 차제에 정부는 국토 공간개발전략, 자치 계층이나 제도, 자치 구역과 행정 계층 개편 문제도 깊이 있게 고민해야 한다. 메가 서울을 계기로 수도권과 비수도권 간 제로섬zero-sum이 아닌 포지티브섬positive-sum이 될 방안을 마련해야 한다. 일본 동경도는 서울시 25개 자치구와 유사한 형태의 23개 특별구와 26개 일반시, 5개 정町, 8촌으로 구성되어 있다. 비록 서로 이질적인 요소도 있지만 복합체제자치구와 일반시의 2트랙로 대도시권을 구성하는 대안도 있을 수 있으며, 이와같이 접근해야 서울시와 김포시 간 얽힌 실타래가 풀릴 수 있다. 이른바 투트랙Two-track 전략이 필요하다이 글은 2023. 11. 21 문화일보 칼럼을 중심으로 구성한 것임.

2. 대도시권의 새로운 균형 찾기, 새 이정표 될 대·경대구·경북통합

> 통합보다 분할이 쉽다. 그런데도 지자체 간 통합을 하겠단다. 과연 실현가능할까? 박수받는 길은?

2024년 6월 4일 이상민 행정안전부 장관, 우동기 지방시대

위원장, 홍준표 대구시장, 이철우 경북지사가 대구광역시와 경상북도의 통합 논의를 추진하기로 했다. 지방자치제 부활 이후 행정구역 통폐합에 관한 시도는 여러 차례 있었지만, 주로 기초자치단체 중심이었다. 광역자치단체 간 통합을 하겠다는 대구시와 경북도의 시도는 눈여겨볼 대목이고, 우리나라 지방자치제의 근간을 되짚어보는 계기가 된다사진 14 참조.

두 광역자치단체 간 통합 시도는 큰 의미를 지닌다. 첫째, 만약 이것이 제대로 추진된다면 기존 지방자치 체계의 근간에 변화를 초래할 수 있다. 지방정부의 권력구조와 자치계층에 대한 논의로 이어질 수 있다. 둘째, 두 단체 간 통합 논의는 갑자기 분출했다기보다는 그동안 잠재해 있던 것으로 이제 본격적으로 통합문제에 대한 논의를 시도할 때가 됐다는 점이다. 이명박 정부 때의 광역경제권구상, 부산 경남 울산과의 광역화 구상과 궤를 같이한다고 할까. 셋째, 정치적 이해관계가 상충하기 마련인데 지역 발전을 위해 두 광역 단체장이 의견 일치를 봤다는 점이다. 넷째, 지난 30년간의 지방자치 성과를 성찰하고 보다 혁신적이며 발전된 자치 체계를 마련하는 촉매가 될 수 있다는 점이다.

그런데 극복해야 할 과제가 쉽지 않다. 통합하는 두 단체의 권력구조 변화를 어떻게 할 것인가? 단체장이나 지방의원들의

〈사진 14〉 대구 & 경북(대·경) 통합 (출처 : 대구광역시 공식블로그)

정치적 이해관계에 대한 공통분모를 어떻게 찾을 것인가? 지역 주민들과의 공감대를 어떻게 수렴해 나갈 것인가? 공무원 정수의 감소 등 통합으로 인한 관료들의 저항은 어떻게 극복할 것인가? 야당이 다수당인 국회에서 어떻게 지역 정치인들의 이해관계와 야당의 협조를 구하면서 관계 법령을 구축하고 정비할 것인가? 이 같은 문제들은 기존 자치체계의 근간을 새롭게 정립해야 하는 난제들이다. 다행히 통합에 대한 찬성이 45.5%, 반대가 27.2%로 두 지역의 여론도 호의적이다. 그래도 통합에 따른 장단점을 충분히 알리고 지역 주민들의 적극적인 협력을 얻는 것이 관건이다. 하향식 아닌 주민들의 의사가 충실히 반영되는 상향식 구조가 바람직하다.

 대구시와 경상북도 간의 광역자치단체 통합은 우리나라 지방자치 발전의 새로운 시금석이 될 것이며, 당면한 지방 소멸을 극복하는 바탕이 될 수 있다. 이를 계기로 서울 중심의 일극─極 체제를 다극多極 체제로 바꿔야 한다. 우리나라는 이미 인구의 92%가 도시에 사는 도시국가다. 그러나 불행하게도 이는 서울과 수도권에 밀집한 일극 체제다. 이로 인해 서울도 불행하거니와 지방은 더욱 불행하다.

 대한민국의 경쟁력 강화를 위해서는 일극 체제에서 지방거점 도시의 중추적 역할을 강화하는 다극 체제로 바꿔야 한다. 대구와 경북통합으로 그 물꼬를 트게 된다면 다른 지역에도 상당한 파급력을 미칠 것이다. 1995년 지방자치단체장 체제가 부활하면서 경남 충무시와 통영군이 통영시로 통합됐다. 이는 지역 유전자DNA가 유사한 관계로 큰 갈등 없이 이뤄졌다. 대구시와 경북도 과거의 뿌리를 찾아 통합이 잘 이뤄지면 지역 발전과 국가 경쟁력 제고에 큰 기틀이 마련될 것이다. 두 단체의 통합은 복잡다단하지만 복잡할수록 단순화하고 가능한 것에서부터 출발해야 한다. 그래야만 성공 가능성이 크기 때문이다*이 글은 2024년 6월 10일 문화일보에 게재된 칼럼입니다.

3. 도시에 새 생명을, '상자 밖' 자치로 'K-Politics'를

> 지방정치가 중앙정치 예속에서 벗어나야 중앙정치가 바뀐다. '상자 안' 정치가 '상자 밖' 정치로 진화할 수 있어야 'K-Culture'와 마찬가지로 'K-Politics'가 탄생!

　자본주의의 근간은 바로 경쟁을 통한 효율이다. 최근 자본주의 선진국들의 공통적인 고민은 격차의 발생 및 심화이다. 계층 간, 세대 간, 지역 간, 인종 간 등 그 양상도 각양각색이다. 경제적 시장은 종종 경쟁의 불완전한 작동으로 시장실패가 빈발하고 있다. 이러한 시장실패의 이면에는 독·과점이나 외부효과, 정보의 비대칭성이 문제가 되고 있다. 이 중에서도 정보의 비대칭성에 있어서는 대의민주주의의 함정이 도사리고 있다. 특히 대의민주주의를 빙자한 정치권력의 독점과 이로 인한 기득권의 보호를 위해서 정보의 비대칭성이 더욱 확대·심화하고 있다.

　독점이나 과점경제가 시장실패로 귀결되듯이 독·과점 정치도 실패로 귀결될 수밖에 없다. 정치도 일종의 시장 작동원리가 전제되어야 건전한 대의민주주의가 꽃필 수 있다. 정치적으로 독·과점적인 대의민주주의는 정보의 비대칭성을 강화하게 되고, 결과적으로 이는 다수 국민/시민의 의사와 유리된 의제擬制된 대의/간접민주주의일 뿐이다. 왜냐하면 정치인 대부분은 자신들이 대리인으로 선출되기 위해 온갖 수단과 방법을 동원하여 유권자들을 현혹함으로써 유권자들의 합리적인 판단을 흐리는 경우가 다반사이기 때문이다.

이와 같은 간접민주주의의 한계를 극복하는 길은 직접민주주의 기능을 강화하는 것이다. 직접민주주의는 정부의 권력 독점을 제어할 뿐만 아니라 정보의 비대칭성 문제를 근원적으로 극복할 수 있다. 특히 우리나라는 정당 공천제라는 미명美名하에 중앙정치권력이 지방 정치권력까지 독점함으로써 정치시장政治市場이 폐쇄화 되고, 이는 지방분권의 가장 큰 걸림돌로 작용하고 있다.

지방이 발전하고 혁신의 진원지가 되기 위해서는 먼저 지방에서 직접민주주의를 할 수 있는 여지가 확보되어야 한다. 지금까지의 독·과점적 정치시장政治市場을 지방에서부터 경쟁적 정치시장으로 개방해야 지방자치가 발전하고 분권이 가속화되는 토대가 마련될 것이다.

현재 우리나라의 지방자치는 중앙정부가 울타리를 그어준 범위 안에서만 가능한 "울타리 자치"였다. '상자 속' 자치만 허용하고 '상자 밖' 자치생각을 해볼 여지를 주지 않았다. 정히 '상자 밖' 자치 허용이 어려우면 제한된 범위에서라도 주민들이 직접 참여하는 직접민주주의를 통하여 지방이 창의적이고, 혁신적이며, 자유롭게 상상의 나래를 펼 수 있는 창발적인 자치를 할 수 있도록 해야 한다.

이를테면 주민들의 선택으로 단체장을 없애고 지방의회가 중심이 되는 기관통합형 지방정부를 구성하거나, 또는 지방의회를 폐지하는 대신 주민이 선출하는 회계감시관을 통해 집행부의 투명성을 높이는 것 등이다. 정치 공간이 개방될수록 지방 정치가 중앙정치 통제에서 지역 주민에 의한 통치로 전환될 수 있다. 이는 분권 국가로 가는 지름길이다. 경쟁을 통한 지방 정치의 선순환구조가 자발적인 개혁을 거부하는 중앙정치를 바꾸는 토대가 될 수 있다. 이는 K-Politics K-정치를 탄생시킬 수 있는 토양이다.

4. 도시 경쟁력은 상식이 통하는 정치로 부터

> 정치권력과 공천권. 권력자 눈높이인가, 국민 눈높이인가? 국민상식에 어긋나는 정치권을 바로 잡는 길은?

건전한 사회는 상식이 통하는 사회이다. 도시의 경쟁력은 건전한 사회가 토대가 된다. 우리의 실상은 어떤가? 4·10 22대

국회의원을 선출하는 총선거를 목전에 두고 여·야 간 모두 후보자 공천을 두고 설전이 난무하였다. 서로 시스템 공천이라고 주장하지만, 제삼자가 보기엔 서로 자기 잘 났다고 '우기는 모습'이 오십 보, 백 보인 듯하니 국민은 짜증스럽기만 하다. 선거 때마다 국민은 정치판이 확 바뀌기를 갈구하고 있다.

민주주의는 선거가 꽃인데, 선출되는 후보자들이 국민의 눈살을 찌푸리게 해서 되겠는가! 이즈음에 지난 2022년에 치러진 대통령 선거와 4대 동시 지방선거에서 나타난 실상을 통해 반면교사로 삼았으면 하는 바람이다. 지난번 선거에서와 같이 범법자들에 대한 공천, 무투표 당선과 같은 현상이 재발하지 않도록 정치권은 되돌아보기를 바란다.

민주주의는 선거로 시작해서 선거로 매듭을 짓는다. 상식이 통하는 선거, 사회적 가치가 제대로 발현되는 선거는 건전한 민주국가의 토양이다. 건전한 상식이 폄훼되고 포퓰리즘 선거가 횡행할수록 민주주의의 기반이 취약해진다. 2022년 3월 9일 대통령 선거가 끝나자마자 연이어 치러지는 6월 1일 4대 동시 지방선거와 보궐선거로 인하여 몇 달째 선거 열기가 전국을 휘감았다. 선거를 치를수록 선거문화가 성숙해지는 것이 바람직한데 그렇지 못한 것 같아 안타깝다.

지난번에 치러진 6·1선거에서는 321개 선거구 중에서 무투표 당선예정자가 509명인 것으로 나타났다. 이들은 더불어민주당 소속 282명, 국민의힘 226명이다교육의원 1명 제외. 중앙선거관리위원회 자료에 의하면 무투표 후보자 중에서 전과자는 30.1%에 달한다. 이들 중에서 전과 2범 이상도 다수이며, 전과 7범도 있다. 전과유형도 횡령, 뺑소니, 음주운전, 무면허운전, 건축법 위반 등 각양각색이다. 최근 5년 내 체납 기록이 있는 후보자는 13.6%로 69명에 이르는 것으로 나타났다. 이중 전북의 S 후보는 체납액이 무려 6,225만 원에 이른다중앙일보 2022. 5. 24. 세금 도둑을 세금으로 세비를 받아 가는 선출직 공직자가 되도록 허용하는 것이 바람직한가? 선출직 공직자의 첫 번째 역할은 법, 조례, 규칙 등의 룰 메이커Rule-maker이다. 룰을 위반하는 자가 룰 메이커가 되도록 해서야 되겠는가.

이제라도 민주국가에서 참다운 선거가 될 수 있도록 최소한의 기준과 원칙을 정해야 한다. 최소한의 기준으로는 첫째, 횡령, 사기 등의 파렴치범, 둘째는 무고한 남의 생명을 앗아갈 수 있는 뺑소니, 음주운전 등의 범법자, 셋째는 세금 도둑들에게 선출직 공직자가 되는 길은 근원적으로 차단해야 한다. 지난번 선거를 계기로 다음 선거부터는 선출직 공직자가 되기 위한 최소한 원칙과 기준을 만들기는 한 모양이다.

그런데 위와 비슷한 기준을 마련하기는 하였지만, 적용하는 형태는 각양각색이다. 어쩌면 국민의 성화에 기준을 만들기는 하였지만, 온갖 편법과 회피 방법을 동원하는 듯하다. '친명횡재, 비명횡사'라는 신조어가 생기는 등 공천이 아니라 '사천'이라는 주장이 난무한다. 다른 한편에는 '시스템 공천'이니 '윤심공천'이니 하는 등 혼란스럽다. 이번 정당공천을 통해 정치권의 민낯이 고스란히 드러난 모습이다. 아직도 우리나라의 정치가 국민의 눈높이를 맞추기에는 가야할 길이 멀기만 한 현실이다.

선거는 우리의 미래를 결정하는 디딤돌이다. 이제는 국민의 상식을 절대적 가치로 받아들이는 정치개혁이 이루어져야 한다. 정치권의 개입을 배제하고 좌우의 치우침 없이 국민의 뜻을 모으고 수렴하여 기준을 마련해야 한다. 그 기준에 부합하지 않는 경우, 아무리 정당에 대한 충성도가 높다 하더라도 절대로 출마할 수 없도록 해야 한다. 내 소중한 한 표의 가치가 우리의 미래를 제대로 자리매김할 수 있도록 최선을 다해야 하지 않겠는가! 그래야만 우리의 도시가 활기차고 높은 생명력을 가질 뿐만 아니라 대한민국이 건강한 고품격 국가로 갈 수 있다.

에필로그

도시의 숨결, 소즐인의 발견!

- 일상의 소소함에서 즐거움을 찾는 도시와 인생이야기 -

　사람들은 자기가 행복하기를 원하는 것보다 남에게 행복하게 보이는 데 애를 쓴다. 남에게 행복하게 보이려고 애쓰지만 않는다면 스스로 행복하기란 그리 힘든 일이 아니다. 17세기 프랑스 작가 로슈푸코의 얘기다. 우리는 남과의 비교를 통해서 자신을 피곤하게 하는 셈이다. 타인을 의식하지 않고 우리가 사는 도시의 향기를 체감하고 일상의 <mark>소</mark>소함에서 <mark>즐</mark>거움을 찾고 <mark>인생소즐인</mark>을 음미하면 삶은 한층 행복하고 풍요로워지리라.

　인생을 살다보면 사람의 정체성은 얼굴을 통해서 확인된다. 첫인상이 중요한 까닭이다. 얼굴 모습은 변화를 거듭한다. 좋은 일을 하고, 좋은 것을 보고, 좋은 사람을 만나, 좋은 생각을 하면 자연스레 얼굴은 아름다운 모습을 보이리라. 얼굴은 하루에도 시시각각 변하기 마련이다. 웃고, 미소 짓고, 찡그리고, 화난 얼굴 등. 하루하루 얼굴 모습이 퇴적되어 한 인간의 정체성이 형성되는 바탕이 된다. 도시의 얼굴도 인간의 얼굴 모습과 마찬가지이리라.

도시는 시시각각 변화를 거듭하면서 생명력을 이어가고 있다. 뭇사람들을 끌어들이는 아름다운 도시는 어떻게 만들어지나? 그동안 무관심하게 바라보고 지내오던 도시에 관심을 가지고 주위를 돌아보면서 생활해보자. 아쉬움이 남는 부분도 있지만 도시의 조화롭고 아름다운 참모습이 더욱 돋보이고, 시민과 호흡을 함께 할 가능성도 발견할 것이다. 우리가 도시에 관한 관심과 애정을 가질수록 도시의 품격과 생명력은 한층 높아지리라.

삶이란 항상 바쁜 일상에 쫓기면서 사는 것으로 생각했다. 자신을 돌아보고 주위를 돌아볼 여유가 없었다. 늘 총총걸음으로 도시의 일상을 쫓다 보니 무엇이 지나치고, 부족하고, 적절한지를 살필 겨를조차 없었다. 조직 생활에, 직장생활에, 사회생활에 매몰된 채 살아왔다고나 할까. 자신의 정체성이나 삶의 의미를 진지하게 고민해 본 적은 별로 없다. 세월이 흐르고 정년을 맞이하고 나이가 들어가니 발걸음을 바삐 움직일 일도 적어졌다. 쫓기는 듯한 발걸음도 쉬엄쉬엄 걷다 보니 주위를 살펴보는 여유로움과 즐거움도 있다. 도시의 일상을 노닐다 보니 이런저런 생각들이 다가온다고나 할까.

　이제 시간에 쫓기며 사는 삶이 아니라 다가오는 시간을 여유롭게 맞이하고 즐겁고 긍정적인 자세로 임하면 인생은 한층 풍요로워지리라. 플라시보 효과Placebo Effect란 게 있다. 이는 의사가 환자에게 가짜 약을 투여하면서 진짜 약이라고 하면 환자의 나아질 것이란 믿음 때문에 병이 낫는 현상을 말한다. 긍정적인 생각과 믿음은 긍정적인 결과로 이어지는 것이다. 우리가 어떤 믿음과 태도로 살아가느냐에 따라 우리들의 인생은 달라진다. 긍정적인 생각으로 도시의 소소한 일상을 즐겁게 맞이하면 행복한 인생으로 귀결될 수밖에.

　　대한민국은 열 사람 중에서 아홉 사람 이상이 도시에 살고 있다. 도시의 존재이유는 그 도시에 사는 사람들의 삶이다. 도시민이 행복하면 덩달아 국민도 행복해진다. 좋은 도시를 만들고 가꾸어 나가야 할 당위성이다. 쾌적하고 살기 좋은 도시, 품격 높은 도시를 바라며 도시와 함께 대화하고, 즐기고, 배우면서 건강하게 도시에서 사는 방법을 터득하면 얼마나 좋을까? 그러면 도시를 탈출하여 자연인으로 살고 싶은 욕구도 낮아지지 않을까?

사람은 태어나면서부터 배움을 시작한다. 배움이 쌓여 일터를 마련하고 한평생 일과 함께한다. 정년이나 은퇴는 일과 함께하는 삶이 마무리되는 즈음이리라. 필자도 현업에서 물러날 시기에 그동안 일터에서 느낀 잔상 중에서 어떤 것들은 일반 시민들과 공유하고 싶은 바람이 있었다. 2021년 출간된 『도시 이야기 Ⅰ : 도시의 속살 엿보기』와 『도시 이야기 Ⅱ : 도시공동체의 민낯』은 이러한 바람의 결과물이다. 이 책들의 내용은 필자가 도시와 관련된 일을 해오면서 일반 시민들과도 소통하면 흥미로울 것 같은 주제를 가능한 한 시민의 눈높이에 맞추어 쓴 것이었다.

이들 두 권의 책을 출간한 후 여유로운 생활을 즐기면서 간간이 도시의 내·외면의 모습을 즐기며 지냈다. 도시의 일상을 오가며, 산책하고 노닐면서, 사람을 만나 소통하면서 순간순간 스쳐오는 잔상들을 메모하고 블로그에 게재해 왔다. 이것들을 모아 이번에 『도시 이야기 Ⅲ : 도시의 숨결, 소즐인의 발견』을 발간하게 되었다. 『도시 이야기 Ⅱ : 도시공동체의 민낯』 말미 에필로그에서 이어 발간될 『도시 이야기 Ⅲ』에서는 일상에서 소소하게 찾아오는 즐거움을 함께 나누고 싶다고 했다. 이제 그 약속을 지킬 수 있어서 마음이 뿌듯하다.

이 책을 통하여 독자들과 도시의 향기로운 숨결을 나누고,

보다 좋은 도시, 보다 건강한 생활을 함께 꿈꾸고 싶었다. 각박하기 쉬운 도시생활에 조금이나마 도움이 되고 위안이 되었으면 한다. 늘 일상을 함께 하는 도시, 소소한 일상에서 즐거움을 찾다보면 인생은 저절로 행복해 지리라.
바로 소즐인으로!!

독자 여러분, 필자와 함께 "소즐인 인생열차"에 동승하지 않으시렵니까!

추천의 글

도시의 숨결 속에서 피어나는 소소한 인생의 미학

　이 책은 도시라는 무정한 공간에서 피어난 따뜻한 숨결을 따라, 그 속을 살아가는 사람들의 소소한 이야기들을 정갈하게 엮어낸 기록이다. 나는 이 책을 펼치며 처음엔 한갓 일상의 단상쯤으로 여겼지만, 곧 그것이 얼마나 깊고 넓게 인간의 삶을 품고 있는지 깨닫게 되었다. 어찌 보면 도시란, 끝없이 분주하고 각박한 공간 같지만, 그 속에서도 사람들은 웃고 울며, 사랑하고 또 헤어진다. 바로 그 장면들을 작가는 묵묵히 걷고 관찰하며, 삶의 편린들을 따뜻한 시선으로 담아낸다.

　이 책의 제목 속에 담긴 '소즐인小卽人'이라는 말은 실로 절묘하다. 크고 대단한 것이 아니어도, 일상의 틈바구니에서 피어나는 기쁨과 의미를 붙잡는 것이야말로 진정한 인생의 묘미가 아니겠는가. 명동과 가로수길, 송현동의 작은 간판 하나에도, 지하철의 밤과 학교란 공간 속에도, 작가는 이야기를 발견하고 의미를 새긴다. 그 시선은 곧 우리가 외면한 삶의 풍경을 다시 마주보게 한다.

 무엇보다 이 책이 고맙게 느껴지는 것은, 도시의 그림자까지도 외면하지 않았다는 데 있다. 갈등과 고독, 단절과 냉소, 그리고 시대의 아픔마저 작가는 정면으로 바라본다. 그 위에 덧칠된 따뜻한 공감과 사려 깊은 제안은, 독자로 하여금 책장을 넘기며 고개를 끄덕이게 한다. 아, 나만 힘든 게 아니구나. 아, 나도 이 도시 속의 한 존재로 따뜻하게 살아갈 수 있구나.

 나는 이 책을 읽으며 문득, 도시란 그저 콘크리트 덩어리의 집합이 아니라, 우리가 살아가는 또 하나의 생명체라는 생각이 들었다. 그리고 그 도시를 따뜻하게 만드는 것은 다름 아닌 '우리'라는 존재들이라는 것도. 이 책은 '버틴다'는 말로 일관되던 도시의 삶을 '즐긴다'는 감각으로 옮겨 앉힌다. 삶이란 결국 사소한 기쁨들 위에 놓인다는 사실을 다시 일깨운다.

 『도시의 숨결, 소즐인의 발견』은 도시의 풍경을 바라보는 시선을 바꾸고, 우리가 살아가는 일상 속에서 기쁨과 감사를 다시 발견하게 해주는 소중한 동반자가 되어줄 것이다. 삶이 무겁고,

도시가 낯설게 느껴지는 날이면 이 책을 펼쳐보길 권한다. 도시를 다시 사랑하게 만들고, 나아가 나 자신을 미소짓게 할 것이다. 그것만으로도 이 책은 존재할 이유가 충분하다.

*이 추천사는 이 책의 프롤로그 & 에필로그와 목차만을 보고 '인공지능AI'이 작성한 것을 일부 보정한 것입니다. *구체적인 질문이 궁금하시면 필자의 블로그를 참고하세요